PAGES CHOISIES

PAR

J. VAUDOUER | **L. LANTOINE**
PROFESSEUR AU LYCÉE FÉNELON | PROFESSEUR AU LYCÉE RACINE

NICOLE

PARIS

Librairie d'Éducation nationale

A. PICARD ET KAAN, ÉDITEURS

11, RUE SOUFFLOT, 11

LES GRANDES IDÉES MORALES ET LES GRANDS MORALISTES
PAGES CHOISIES

PAR

J. VAUDOUER | **L. LANTOINE**
PROFESSEUR AU LYCÉE FÉNELON | PROFESSEUR AU LYCÉE RACINE

NICOLE

PARIS
Librairie d'Éducation nationale
A. PICARD ET KAAN, ÉDITEURS
11, RUE SOUFFLOT, 11

—

LES GRANDES IDÉES MORALES ET LES GRANDS MORALISTES

NICOLE

1

INTRODUCTION

I

Pierre Nicole naquit à Chartres en 1625 et mourut à Paris en 1695.

De bonne heure il adopta les doctrines jansénistes, et il entra à Port-Royal. Dès lors, sa vie est intimement mêlée à l'histoire de cette célèbre maison. Comme la plupart des solitaires, Nicole partagea son temps entre l'enseignement et la controverse. Ses nombreux ouvrages théologiques, qui attirèrent sur lui tant de persécutions, sont oubliés aujourd'hui. Mais on lit encore avec fruit la Logique ou l'Art de penser, qu'il rédigea de concert avec « le grand Arnauld », et, surtout, ses Essais de morale, dont la collection, commencée en 1675, ne comprend pas moins de 25 volumes.

II

Nicole est surtout célèbre comme moraliste (1), mais ce moraliste était un théologien. Sa morale est essentiellement imprégnée des doctrines jansénistes. De là vient qu'il se montre avant tout pénétré du sentiment de la faiblesse et de la misère de l'homme; cette impression est si vive en lui qu'elle lui dérobe la notion de la grandeur et de la dignité humaines. Les expressions se connaître et s'humilier sont presque synonymes dans le Traité de la Connaissance de soi-même.

Aussi l'auteur considère-t-il comme chimérique l'espoir de parvenir, par les seules lumières de l'esprit, à la connaissance des vérités morales. La moralité dans l'homme est un don de la grâce, et non le fruit de la liberté; il suit de là que Nicole ne juge point nécessaire de remonter jusqu'aux principes rationnels de la morale, et que cette lacune est très sensible dans ses ouvrages.

En revanche, dans les questions particulières, il fait preuve d'une

___

(1) Nous donnons ici des extraits de trois des plus célèbres ouvrages de morale de Nicole : Le Traité de la Connaissance de soi-même, le Traité des Moyens de conserver la paix avec les hommes, et le Traité des Jugements téméraires.

admirable sagacité. Sans doute, il lui arrive souvent de calomnier la nature humaine à force de vouloir l'humilier, et de nous présenter de notre âme une image dans laquelle elle refuse à bon droit de se reconnaître. Mais ceci mis à part, quelle perspicacité dans cette recherche des ruses que l'amour-propre met en œuvre pour pallier nos défauts; quelle abondance et quelle clarté dans l'analyse de cette complaisance que nous avons pour nous-mêmes! La lecture de ces traités ne fortifiera point les âmes timides et sujettes à l'abattement; elle ne consolera point aux heures d'amertume et de découragement. Mais elle nous rend un autre genre de services, desquels nous aurions tort de ne pas lui être reconnaissants : en combattant cet égoïsme qui nous attache à nous-mêmes souvent à notre insu, elle nous empêche de nous contenter trop facilement, de nous endormir dans la paisible satisfaction de nos progrès, elle appelle notre attention sur ces obligations multiples qui nous attachent à nos semblables, et que nous n'avons pas le droit de négliger; en un mot, elle nous apprend et nous aide à soustraire autant que possible notre vie morale à l'empire des préjugés et des habitudes; et, par là, elle nous restitue cette liberté qu'elle semblait nous contester.

NICOLE

EXTRAITS DU TRAITÉ
DE LA CONNAISSANCE DE SOI-MÊME

Le traité de la *Connaissance de soi-même* n'a guère de commun
que le titre avec le célèbre ouvrage de Bossuet : « *De la Connaissance de Dieu et de soi-même.* » Nicole n'a pas voulu écrire
un livre de psychologie, mais faire œuvre de moraliste.

Tous les philosophes s'accordent à reconnaître que le plus
grand des biens, comme le premier des devoirs de l'homme,
consiste à se connaître soi-même. Mais cette connaissance
présente de grandes difficultés : Tel est l'objet de la première
partie du traité.

Toutefois, nous devons nous appliquer à vaincre ces difficultés et à déjouer ces mille ruses par lesquelles notre amour-
propre nous déguise nos imperfections et nos défauts : tel est
le résumé de la deuxième partie.

PREMIÈRE PARTIE

Dans le chapitre premier, Nicole remarque que les hommes
s'accordent à reconnaître l'importance du précepte : « connais-
toi toi-même », et que, toutefois, ils sont en général bien
éloignés de souhaiter cette connaissance, qui les oblige à se
rendre compte de leur propre misère.

CHAPITRE DEUXIÈME

Comment les hommes allient l'inclination
qu'ils ont à se regarder en tout (1),
avec celle qu'ils ont à éviter la vue d'eux-mêmes.

Pour ne pas pousser plus loin qu'il ne faut cet éloignement que l'homme a de se connaître, et pour mieux

(1) *Se regarder en tout.* Porter en tout son attention sur soi-même.

en pénétrer le fond, il faut ajouter qu'il (1) est joint
à une inclination contraire en apparence, qui le porte
à se regarder en tout. Car le plus grand plaisir d'un
homme orgueilleux est de contempler l'idée qu'il se
forme de lui-même. Cette idée est la source de toutes
ses vaines satisfactions, il y rapporte tout, et rien ne lui
plaît qu'à proportion qu'il contribue à la rehausser, à
l'agrandir, et à la rendre plus vive.

Ces deux inclinations, dont l'une porte à fuir, et l'autre
à rechercher la connaissance de soi-même, sont également naturelles à l'homme; aussi elles naissent de la
même source, quoique opposées en apparence.

L'homme veut se voir, parce qu'il est vain (2); il évite
de se voir, parce qu'étant vain, il ne peut souffrir la vue
de ses défauts et de ses misères. Pour accorder donc ces
désirs contraires, il a recours à un artifice digne de sa
vanité, par lequel il trouve moyen de les contenter tous
deux en même temps : c'est de couvrir d'un voile tous
ses défauts, de les effacer en quelque sorte de l'image
qu'il se forme de lui-même, et de n'y laisser que les qualités qui le peuvent relever à ses propres yeux. S'il ne
les a pas effectivement, il se les donne par son imagination; et s'il ne les trouve pas dans son propre être, il les
va chercher dans les opinions des hommes ou dans les
choses extérieures qu'il attache à son idée (3), comme
si elles en faisaient partie; et, par le moyen de cette illusion, il est toujours absent de lui-même et présent à lui-

(1) *Il.* Cet éloignement que l'homme a de se connaître.

(2) *L'homme veut se voir, parce qu'il est vain.* Se voir : même sens
que se regarder.

(3) *Son idée.* Le mot *idée* a ici un sens particulier, qui remonte
jusqu'à la philosophie de Platon. L'idée d'un être, c'est l'idée de ses
caractères essentiels, constitutifs. Par exemple, l'idée d'homme est
l'idée d'un être qui pense et qui raisonne. Que cet homme soit plus
ou moins habile à la chasse ou à la pêche, possesseur d'une cabane
plus ou moins grande, ce sont là des attributs purement acciden-
tels, qui n'enlèvent ni n'ajoutent rien à la pensée et à la raison,
qui sont le fond même de la nature humaine, et sans lesquelles il
nous serait impossible de la concevoir.

même; il se regarde continuellement, et il ne se voit jamais véritablement, parce qu'il ne voit au lieu de lui-même que le vain fantôme qu'il s'en est formé.

Quand un Caraïbe (1) par exemple, se représente à lui-même, il ne voit qu'un certain spectre semblable à l'image qu'il a vue de lui-même dans l'eau : et, se regardant comme adroit à tirer de l'arc et à pêcher, comme maître d'une certaine cabane, comme ayant tué tels et tels de ses ennemis, il s'occupe tout entier de ces idées et des objets extérieurs qui les renouvellent, et passe ainsi toute sa vie sans faire réflexion sur cette partie de son être qui pense et qui raisonne, sans penser à ce qu'elle est, d'où elle vient, ni ce qu'elle deviendra, ni ce qui peut faire son bonheur ou son malheur.

Et il ne faut pas s'imaginer que l'orgueil du reste des hommes agisse d'une autre sorte que celui de ces misérables peuples. Ils ornent seulement un peu mieux cette image qui est l'objet de leur amour. Un capitaine en se regardant soi-même voit un fantôme à cheval, qui commande à des soldats. Un prince voit un homme richement vêtu, qu'on regarde avec respect, et qui se fait obéir par quantité de gens. Un magistrat voit un homme revêtu des ornements de sa dignité, qui est révéré des autres hommes, parce qu'il est en état de les obliger ou de leur nuire. Une femme vaine se représente une idole qui charme par sa beauté ceux qui la voient. Un avare se voit au milieu de ses trésors. Un ambitieux se représente entouré de gens qui s'abaissent sous sa grandeur. Et ainsi chacun n'a pour but, dans toutes les actions dont l'amour-propre est le principe, que d'attacher toujours à l'idée qu'il a de lui-même de nouveaux ornements et de nouveaux titres.

(1) *Un Caraïbe.* Les Caraïbes étaient les peuples anthropophages qui habitaient les Petites-Antilles, au moment de la découverte de ces îles par Christophe Colomb.

CHAPITRE TROISIÈME

Idée confuse du Moi, principal objet de l'amour des hommes et source de leurs plaisirs et de leurs ennuis.

Les hommes se font d'eux-mêmes une idée confuse, très différente de la réalité, mais que suggère à leur esprit tout ce qui les entoure. De là vient qu'ils redoutent la solitude.

D'où pensez-vous que vient cet ennui qui accable ceux qui ont été dans les grandes places, quand on les réduit à vivre en repos dans leur maison? Ce n'est pas seulement de ce qu'ils s'y voient trop, et que la vue de leurs misères et de leurs défauts les y vient troubler. Peut-être que c'est une des causes de leur chagrin, mais ce n'est pas la seule. C'est aussi parce qu'ils ne se voient pas assez, et qu'il y a moins de choses qui renouvellent l'idée de leur *moi*. Cette idée faisait leur plaisir pendant leur fortune, et l'absence de ce plaisir fait leur chagrin pendant ce qu'ils appellent disgrâce. On a beau s'occuper de soi-même dans la solitude, les images que l'on s'en forme sont infiniment plus sombres que celles qui sont aidées par les objets extérieurs. Les gens qui sont dans les grands emplois sont avertis par tous ceux qui s'adressent à eux qu'ils sont puissants, qu'ils peuvent nuire ou servir. Mille choses excitent vivement en eux l'idée de leur *moi*, et la mettent devant leurs yeux avec quelque qualité agréable de *grand*, de *puissant*, de *respecté*.

Le commerce de la civilité du monde fait le même effet à l'égard de ceux qui y vivent; car comme il est tout rempli de témoignages d'estime et d'affection, d'égards, d'applications (1), il leur donne lieu de se représenter à eux-mêmes comme aimés et estimés, et par conséquent, comme aimables et estimables. Et, par

(1) *Applications*, attentions.

une raison contraire, les déserts et les lieux solitaires chagrinent et ennuient les hommes vains et ambitieux, parce qu'ils ne leur parlent point d'eux-mêmes, et qu'ils voudraient qu'on ne leur parlât d'autre chose.

C'est ce que l'amour-propre avoue franchement, quand il ne se déguise point, et qu'il découvre (1) naïvement ce qu'il lui plaît dans les occupations pénibles dont il charge (2) les hommes. Il n'y en a guère, par exemple, de plus laborieuses que celles de ceux qui parlent en public, comme les avocats. Ils sont obligés de se charger la tête de mille affaires désagréables, de s'appliquer à chercher des pensées et des expressions pour remplir leurs discours, d'épuiser les forces de leur corps et de leur esprit sur des matières qu'ils seront bien aises d'oublier sitôt qu'ils se seront acquittés de leur ministère. Cependant, parce qu'il y a bien des choses dans cette profession qui renouvellent l'idée de soi-même (3), ceux qui l'exercent avec honneur croient être les plus heureux des hommes, et il n'y a qu'à entendre sur ce sujet un de ces anciens orateurs (4) pour juger de ce qui soutient les autres. « Qu'y a-t-il, dit-il, de plus doux à un honnête homme, né pour les plaisirs honnêtes, que de voir sa maison toujours pleine de gens, et de savoir qu'ils ne lui rendent pas ces devoirs à cause de ses richesses, ni par l'espérance d'être ses héritiers, ni à cause de quelque charge qu'il exerce, mais à cause de lui-même ; que ceux mêmes à qui l'on fait la cour pour être leurs héritiers, ceux qui sont les plus puissants en biens et en crédit le viennent trouver, quoiqu'il soit souvent jeune et pauvre, afin de lui recommander leurs affaires ou celles de leurs amis? Y a-t-il rien dans les richesses et dans la grandeur

(1) *Découvre.* Met à découvert, expose au grand jour.
(2) Dont *il charge* les hommes. Qu'il (l'amour-propre) fait peser sur les hommes.
(3) *Qui renouvellent l'idée de soi-même.* Qui font que nous pensons plus souvent à nous-mêmes.
(4) *Dialogue des Orateurs.* Nicole attribue cet ouvrage à Quintilien ; mais, d'après l'opinion admise de nos jours, le Dialogue des Orateurs serait de Tacite.

qui puisse donner un plaisir égal à celui qu'il ressent, quand il voit des personnes considérables par leur âge, et dont le crédit s'étend par toute la terre, confesser, dans l'abondance des richesses dont ils (1) jouissent, qu'ils n'ont pas le premier et le plus grand de tous les avantages du monde, qui est celui que possède un orateur? Que dirai-je de cette foule de gens qui se présentent pour l'accompagner ou qui vont au-devant de lui; de l'éclat avec lequel il paraît en public, du respect qu'on lui rend dans les jugements, de la joie qu'il ressent lorsque, s'étant levé pour parler seul, au milieu de gens qui l'écoutent en silence, il voit les yeux de tous les auditeurs tournés vers lui, que le peuple se presse pour l'entendre, et qu'il grave dans tous les esprits les mêmes impressions qu'il lui plaît de faire paraître en soi? » (2).

Voilà ce qui faisait supporter à ce Romain les fatigues et les dégoûts de cette profession; et si tous ceux qui sont dans les autres emplois pénibles ou dangereux parlaient aussi simplement que lui, ils nous diraient de même que tout ce qui leur plaît se réduit à cette idée de leur *moi* honoré et respecté par les autres.

CHAPITRE QUATRIÈME

**Adresses (3) des hommes pour empêcher
que les objets du dehors, et principalement la vue
des jugements que les autres
font d'eux, ne les rappellent à eux-mêmes
et ne leur fassent connaître leurs défauts.**

On voit assez par ces exemples de quelle sorte l'amour-propre se sert des objets extérieurs pour contenter ces

---

(1) *Ils.* Accord par syllepse : le pronom s'accorde ici avec le mot : les hommes, et non avec le mot : personnes, auquel il se rapporte, selon les règles de la grammaire.

(2) *Les mêmes impressions qu'il lui plaît de faire paraître en soi.* — Parmi les images qui s'offrent à son esprit, l'orateur fait un choix, et c'est ce choix qu'il impose à son auditoire.

(3) *Adresses.* Subterfuges, moyens détournés.

deux inclinations naturelles à l'homme de se connaître et de ne se connaître pas, en ne permettant pas, d'une part, qu'il se voie autrement que par une idée confuse qui ne lui représente aucun défaut, et en y joignant, de l'autre, tout ce qu'il peut des choses extérieures qui lui donnent moyen d'y attacher une image fantastique de grandeur. Mais cela ne suffit pas néanmoins à l'homme pour se procurer le repos et le plaisir qu'il cherche, ni pour éviter la connaissance de ses défauts, dont (1) il a tant d'horreur. Il a besoin de bien d'autres adresses pour en éviter la vue. En vain se répandrait-il au dehors, il ne laisserait pas de s'y trouver, et mille choses lui pourraient mettre ses défauts et ses misères devant les yeux. Il en verrait l'image dans tous les défauts et dans toutes les misères des autres, qu'il ne saurait s'empêcher de voir, et qu'il regarde même avec trop de curiosité. Ainsi, comme il ne trouverait pas mieux son compte hors de lui-même que dans lui-même, il y a bien de l'apparence que si la crainte de se voir tel qu'il est l'avait fait sortir hors de soi, l'image de lui-même, qui lui serait représentée par tous les objets extérieurs, l'y ferait rentrer malgré qu'il en eût.

Mais pour mieux comprendre encore de quelle sorte l'homme pourrait être forcé de se voir lui-même par les objets qui sont hors de lui et ce qu'il fait pour s'en garantir, il faut considérer qu'il ne se regarde pas moins selon un certain être qu'il a (2) dans l'imagination des autres, que selon ce qu'il est effectivement, et qu'il ne forme pas seulement son portrait sur ce qu'il connaît de soi par lui-même, mais aussi sur la vue des portraits qu'il en découvre dans l'esprit des autres ; car nous sommes

(1) *De la connaissance de ses défauts dont* : de laquelle connaissance il a tant d'horreur.
(2) *Un certain être qu'il a dans l'imagination des autres.* Nos semblables ne nous connaissent pas, à proprement parler ; ils n'ont de nous qu'une sorte de portrait, qui est l'œuvre de l'imagination, mais qu'ils considèrent comme une copie de la réalité. Ils nous prêtent donc ainsi une sorte d'existence, une sorte d'*être*, dont nous ajoutons les qualités à celles que nous pouvons imaginer en nous.

tous, à l'égard les uns des autres, comme cet homme qui sert de modèle aux élèves dans les académies des peintres. Chacun de ceux qui nous environnent se forme un portrait de nous ; et les différentes manières dont on regarde nos actions donnent lieu d'en former une diversité presque infinie.

La principale distinction des grands et des petits, de ceux qui ont de la réputation et de ceux qui n'en ont pas, c'est qu'il y a plus de gens qui font le portrait des uns que des autres. Que de gens font le portrait d'un prince ! Tout son royaume, tous les pays étrangers sont pour lui une académie de peintres dont il est le modèle. Ceux qui en sont plus éloignés ne le représentent que par des traits plus grossiers ; ceux qui en sont plus près en font des portraits plus vifs et plus ressemblants. Un homme du commun, au contraire, qui vit dans sa famille, n'est peint que par le petit nombre de ceux qui le connaissent, et les portraits qu'on fait de lui ne sortent guère hors l'enceinte de sa ville.

Mais ce qu'il y a de plus considérable (1) en ceci, c'est que les hommes ne font pas seulement le portrait des autres, mais qu'ils peuvent voir aussi ceux que l'on fait d'eux ; et s'ils les voulaient regarder de bonne foi, rien ne serait plus capable de remédier à leur orgueil et ne pourrait plus servir à les détromper, que la vue même de ces portraits.

Que l'on choisisse le plus grand et le plus glorieux homme du monde, et qu'on lui donne un esprit assez étendu pour contempler tout à la fois cette variété de jugements qu'on fait de lui, et pour jouir pleinement du spectacle des pensées et des mouvements (2) qu'il excite dans les autres, il n'y a point de vanité qui puisse subsister à cette vue. Pour un petit nombre de jugements avantageux, il en verrait une infinité qui lui déplairaient. Il verrait que les défauts qu'il se dissimule ou qu'il ne

---

(1) *De plus considérable*, de plus digne d'être considéré, c'est-à-dire remarqué.

(2) *Des mouvements*, des sentiments.

connaît point, sautent aux yeux de la plupart des gens ; que souvent ils ne s'entretiennent d'autre chose, et qu'on ne le regarde que par cet endroit. Il verrait que le monde est très peu touché des belles qualités dont il se flatte ; que les uns ne les voient seulement pas, les autres les regardent avec froideur, les autres n'y remarquent que ce qu'elles ont de défectueux, les autres les obscurcissent et les défigurent en y joignant des défauts qu'ils connaissent en lui, et que de tout cela il se forme un portrait qui n'est propre qu'à faire mourir son orgueil.

Il n'y aurait donc pour apprendre à s'humilier qu'à ouvrir les yeux à tous ces divers jugements qu'on forme de nous, et la raison saurait bien les découvrir si nous désirions sincèrement de les connaître. Mais parce que la vanité est un mal dont on ne veut pas guérir, et qu'on met son bonheur à n'en guérir pas, pour se garantir de cette vue, on se sert d'une adresse (1) qui, toute grossière qu'elle est, ne laisse pas de faire son effet. C'est qu'encore que la raison soit convaincue en général qu'on forme de nous bien des jugements peu favorables, et que l'exemple de ceux (2) que nous entendons à toute heure faire des autres, et que nous en faisons nous-mêmes, nous le puisse apprendre, nous faisons en sorte néanmoins de ne pas voir ceux qui sont à notre désavantage, et de nous appliquer uniquement à ceux qui nous sont avantageux. Aussi en éloignant de notre esprit tous ces objets qui nous pourraient choquer, en ne nous attachant qu'à ceux qui nous plaisent, en nous trompant volontairement et en fuyant d'être détrompés, la vanité demeure à demi satisfaite, et se procure ce vain plaisir dans lequel les hommes vains mettent leur fausse félicité.

Il est encore plus aisé que les grands, et généralement ceux à qui on a intérêt de plaire, s'entretiennent dans cette illusion, parce qu'au lieu qu'on ne se forme qu'un

(1) *D'une adresse.* Voir la note p. 12.
(2) Construction irrégulière. Les participes « éloignant, attachant, trompant, ne se rapportent pas au sujet « vanité » mais au pronom « nous ».

portrait des autres hommes, on s'en forme en quelque sorte deux de ceux-ci, l'un intérieur, qui est le véritable, l'autre extérieur, où l'on ne fait entrer que ce qu'on juge leur pouvoir plaire. Et l'on a grand soin ensuite de ne leur mettre devant les yeux que ce faux portrait, et de tâcher de faire qu'ils le prennent pour le véritable. Il est vrai qu'il leur serait aisé de s'empêcher d'y être trompés, et de se convaincre eux-mêmes qu'il n'y a rien de si faux et de si vain que tous ces témoignages d'estime, d'affection et d'attachement qu'on leur rend. Ils savent ce qu'ils pensent souvent eux-mêmes de ceux à qui ils en rendent de semblables, et ils n'ont pas de sujet de juger les autres plus sincères qu'eux. Mais ils sont bien aises de n'approfondir pas les choses si avant. Ils se contentent donc de cette surface trompeuse, ils laissent là ces portraits intérieurs qu'ils craignent de découvrir, et ils s'arrêtent uniquement à ces portraits flattés qui sont faits exprès pour tirer d'eux ce qu'on en prétend.

On use de la même adresse pour empêcher que les défauts et les misères des autres, et les jugements qu'on voit faire d'eux et que l'on en fait soi-même, ne nous rappellent à nous et ne nous découvrent notre propre illusion. L'esprit aidé de l'amour-propre retranche toutes les réflexions qu'il pourrait faire, ou s'y applique si peu qu'elles ne font presque point d'impression. On entend parler à toute heure avec mépris de gens qui se trompent eux-mêmes. On voit qu'ils sont l'objet ordinaire de la moquerie des hommes; car il n'y a rien de plus ridicule qu'un homme trompé par sa propre vanité. Cependant on ne pense point qu'on est soi-même cet homme trompé et ridicule; qu'on dit peut-être de nous en notre absence ce qu'on dit des autres devant nous; que nous y donnons autant de sujet qu'eux, et qu'il n'y a pas d'apparence qu'on ait plus d'égards pour nous que pour tous les autres.

Quelque fréquents et quelque certains que soient ces objets, ils n'en ont pas plus de force pour obliger l'esprit de rentrer en soi et d'y voir les mêmes défauts et les mêmes misères qu'il voit dans les autres. Pense-t-on davantage à la mort pour apprendre ou pour voir tous les jours la mort de ceux avec qui on a vécu? On fuit ce spectacle si l'on peut. Si on ne peut l'éviter, on fuit les réflexions qu'il devrait produire. Si on ne les peut étouffer absolument, on s'en détourne le plus qu'on peut. Ce que j'ai dit de la mort se peut dire de toutes les autres misères, et de tous les défauts des hommes qui pourraient nous représenter les nôtres. Ces images frappent nos yeux à tous moments, mais nous les fermons à tous moments pour ne les pas voir. Nous nous trompons si nous le pouvons, et si nous ne le pouvons pas tout à fait, nous en détournons au moins nos pensées.

Que dirait-on d'un homme qui, voyant tous les jours son image dans un miroir, et s'y regardant sans cesse, ne s'y reconnaîtrait jamais, et ne dirait jamais : « Me voilà? » Ne l'accuserait-on pas d'une stupidité peu différente de la folie? C'est néanmoins ce que font tous les hommes, et c'est même l'unique secret qu'ils ont trouvé pour se rendre heureux. Ils voient à tous moments l'image de leurs défauts dans ceux de tous les autres, et ils ne les y veulent jamais reconnaître. Être plein de misères et ne les point voir, ignorer ses défauts lorsque personne ne les ignore, être l'objet des railleries d'une infinité de gens et n'en vouloir rien savoir, se repaître de vaines imaginations sans vouloir connaître qu'elles sont vaines, c'est un état qui ne semble pas fort souhaitable, et c'est néanmoins ce qui fait la félicité des gens du monde, et principalement des grands.

CHAPITRE CINQUIÈME

Par quel Moyen nous faisons en sorte, ou qu'on ne nous dit (1) point la vérité, ou qu'on nous la dit inutilement.

C'est par les moyens que nous avons marqués, qu'on s'empêche de voir la vérité lorsqu'il faudrait quelque soin

(1) *Qu'on ne nous dit.* La syntaxe du XIXᵉ siècle exigerait : qu'on ne nous dise.

2

et quelque application pour la trouver. Mais il y a des rencontres où elle nous vient trouver elle-même, et dans lesquelles on serait forcé de la voir, si on n'usait de bien des adresses (1) pour l'éviter. Car il se trouve quelquefois des gens assez charitables pour essayer de nous tirer de l'illusion où nous vivons à l'égard de nous-mêmes. L'amour-propre fait donc son possible pour éloigner cet inconvénient et il (2) ne manque pas encore de voies pour y réussir. Car il témoigne tant de chagrin (3) et de mauvaise humeur à ceux qui nous voudraient rendre ce bon office ; il trouve tant de prétextes pour ne pas croire ce qu'on nous découvre (4) de nos défauts ; il est si ingénieux à en trouver de plus grands dans ceux qui remarquent les nôtres, et à faire passer pour malignité (5) les jugements qu'ils font à notre désavantage, qu'il n'y a presque personne qui se veuille hasarder à nous les dire.

Le principe (6) général de l'amour-propre, c'est qu'on ne peut rien condamner en nous par un mouvement d'équité et de justice. Ainsi, dès lors que quelqu'un fait voir qu'il ne nous approuve pas en tout, on lui attache (7) l'idée de prévention, de jalousie, ou quelque autre encore moins favorable. Et comme personne n'aime à se faire regarder (8) ainsi, il se forme parmi les hommes une espèce de conspiration à se dissimuler les sentiments qu'ils ont les uns des autres, et il n'y a point d'accord

(1) *Adresses.* Voir la note, p. 12.
(2) *Il.* L'amour-propre trouve toujours assez de voies pour y réussir.
(3) *Chagrin,* déplaisir.
(4) *Découvre.* Voir p. 11, note 1.
(5) *Malignité.* Inclination perverse, qui porte l'homme à faire le mal ou à s'en réjouir.
(6) *Le principe général de l'amour-propre.* Nicole veut dire que l'amour-propre établit, avant tout, comme un point de départ, qu'on ne peut rien condamner en nous par un mouvement d'équité et de justice.
(7) *On lui attache,* on attache à l'idée qu'on se fait de lui l'idée de prévention, etc.
(8) *Se faire regarder ainsi,* à passer pour...

qui soit mieux gardé que celui-là, parce qu'il est fondé sur un sentiment d'amour-propre dont il y a peu de personnes qui soient exemptes.

Et il ne faut pas s'imaginer qu'on ne prenne ce soin de cacher la vérité qu'à l'égard de ceux que l'on craint, ou de qui l'on espère quelque chose. On en use presque de même à l'égard de tout le monde.

On s'applique plus à tromper les grands, mais on ne s'applique pas davantage à détromper les petits. C'est toute la différence que l'on met entre les uns et les autres. On n'aime à être haï de personne; ainsi on n'aime à dire la vérité à personne. On sait d'ailleurs que, pour la faire recevoir, il faudrait beaucoup d'adoucissements, de tempéraments (1), de tours étudiés. Or l'on ne veut pas prendre cette peine pour des personnes que l'on considère peu. Ainsi on ne dit pas la vérité aux grands, parce qu'on a intérêt à la leur cacher; et on ne la dit pas non plus aux petits, parce qu'on n'a pas assez d'intérêt de (2) la leur dire.

Cette réserve que les hommes gardent entre eux en évitant de se communiquer les pensées qu'ils ont au désavantage les uns des autres, n'est pas néanmoins sans bornes; et il y a quelquefois des raisons qui les portent à s'en dispenser. Il ne faut même souvent qu'une légère émotion pour faire éclater tout à coup ce qu'on avait tenu fort longtemps caché; et de plus, on n'est réservé de cette sorte qu'en parlant aux personnes dont on connaît les défauts. Mais ce que l'on dissimule en leur présence se dit d'ordinaire d'autant plus librement en leur absence qu'on a eu plus de peine à le retenir. Il est vrai qu'on se ménage un peu plus à l'égard de ceux qui pourraient nuire, et qu'on apporte plus de précaution à découvrir ce qu'on pense d'eux. Mais comme c'est une contrainte pénible que de cacher toujours ses sentiments, le désir qu'on a de s'en délivrer fait qu'on prend assez facilement confiance en ceux à qui l'on parle, et

(1) *Tempéraments,* ménagements.
(2) *D'intérêt de.* On dirait maintenant : d'intérêt à.

qu'il faut peu de raisons (1) pour porter à se répandre avec liberté.

Ainsi, au lieu que la charité oblige à avertir les personnes mêmes de leurs défauts, pour leur donner moyen de s'en corriger, et à les cacher aux autres pour ne pas blesser leur réputation, on fait d'ordinaire tout le contraire, et l'on parle de ces défauts à tout le monde, à l'exception de ceux-là seulement qu'il serait utile d'en avertir.

Or, quoique ces effusions de malignité qui entrent si souvent dans les entretiens des hommes soient en elles-mêmes un très grand mal, il arriverait néanmoins de là quelque bien si nous avions soin d'en profiter. Car ces discours particuliers se répandant peu à peu, et formant un bruit public, il en revient souvent quelque chose aux oreilles des intéressés, parce qu'il se trouve assez de gens qui, n'ayant pas assez de charité ou assez de force pour nous dire ce qu'ils pensent de nous, sont bien aises de s'en décharger en l'attribuant à d'autres. Ce serait donc un moyen pour ceux à qui on le découvre, de sortir de l'illusion où ils vivent. Mais on a le cœur si corrompu et si plein d'aversion pour la vérité, qu'on abuse encore le plus souvent de ce moyen, et qu'on se le rend inutile ; car au lieu de juger, comme on devrait, que ces discours et ces jugements dont on est blessé sont répandus parmi une infinité de gens, et qu'ainsi on n'a pas droit de s'en prendre à personne en particulier, l'inclination qu'on a à se tromper soi-même fait que l'on tourne tout son chagrin contre celui qui s'en trouve chargé, qu'on se persuade qu'il est seul de son sentiment, et qu'il n'y est entré que par haine ou par un intérêt. On lui attribue même d'ordinaire quelque imprudence (2) ou quelque excès (3), pour avoir plus de droit de rejeter ses senti-

---

(1) *Il faut peu de raisons pour porter à se répandre avec liberté.* Il n'est pas nécessaire d'avoir de fortes raisons de le faire pour être porté à épancher ses opinions et ses sentiments avec trop de liberté.

(2) *Imprudence*, manque de discernement.

(3) *Excès*, exagération, opinion excessive.

ments ; et par le moyen de cette illusion volontaire, on étouffe l'impression que ces discours pouvaient faire, on se conserve dans l'estime de soi-même, et l'on évite en quelque sorte de voir en soi ce que le monde y désapprouve, parce que c'est un spectacle que la vanité ne peut souffrir.

J'ai dit que l'on l'évite en quelque sorte, parce qu'on ne l'évite pas tout à fait. La vérité fait toujours un peu de jour au travers de tous ces nuages dont on s'efforce de l'obscurcir. Il en passe toujours quelques rayons qui incommodent l'orgueil, et qui troublent ce faux repos qu'il s'efforce de se procurer. Ces opinions qui ne sont fondées que sur une erreur volontaire, ne sont jamais fermes et assurées. Elles sont toujours mêlées de défiance, et par conséquent, de chagrin, d'ennui et d'inquiétude. Ainsi au lieu de cette joie pure (1) et de cette satisfaction pleine et entière à laquelle l'amour-propre aspirait, tout ce qu'il peut faire avec ses déguisements, est de suspendre un peu ses sentiments de tristesse qui se nourrissent au fond du cœur, et qui sont toujours prêts de s'en emparer.

Ce sont là les sentiments naturels de l'amour-propre, et les adresses ordinaires dont il use pour nous cacher nos fautes, et pour empêcher qu'on ne nous les fasse connaître. Et il est remarquable que comme c'est en soi-même un très grand défaut de ne vouloir pas voir la vérité, il ne veut pas reconnaître en soi cette mauvaise disposition non plus que les autres (2). Il n'use donc pas de moins d'artifices pour la déguiser aux autres et à nous-mêmes. Et c'est pourquoi on ne voit guère de gens qui ne se fassent honneur d'aimer la vérité, et qui avouent franchement qu'ils ne sont pas bien aises qu'on la leur découvre. On s'offense de ce reproche autant que d'aucun autre ; et en un mot on voudrait avoir la gloire d'aimer la vérité, et la satisfaction de ne l'entendre jamais.

(1) *Joie pure*, joie sans mélange de peine.
(2) *Les autres*, les autres mauvaises dispositions.

Mais comme ces deux passions sont en quelque sorte incompatibles, on tâche de les accorder en donnant quelque chose à l'une ou à l'autre. Il est vrai que, comme c'est l'amour-propre qui fait ce partage, il le fait fort inégal. Car il met ordre qu'on ne nous dise jamais ces défauts essentiels, auxquels nous sommes attachés par une passion vive et agissante (1) ; qu'on nous dissimule ceux qui nous attirent le mépris des hommes, et qui nous donneraient lieu de nous mépriser nous-mêmes, et de croire que c'est avec raison que les autres nous méprisent. Toute la liberté que nous donnons donc aux autres sur ce sujet, est de nous faire remarquer quelques petits défauts qui ne défigurent pas l'image que nous avons de nous-mêmes, et qui en laissent subsister toute la beauté.

> Velut si
> Egregio impressos reprehendas corpore nævos (2).

Ainsi nous souffrons qu'on dise ses sentiments d'un discours ou d'un écrit que nous aurons fait, qu'on y reprenne quelques expressions moins justes, quelque mauvaise cadence, quelque endroit négligé ; à condition néanmoins qu'on en ait estimé le dessein, les pensées, l'économie (3), et les autres parties plus essentielles. Nous pardonnons de même à ceux qui nous avertissent de quelque manque d'égards, de ménagements, et d'autres bagatelles de cette nature, pourvu qu'ils ne touchent point à nos principales passions, et que tout ce qu'ils remarquent en nous puisse subsister avec l'estime et l'approbation commune. C'est à ces conditions et à ce prix qu'on se résout quelquefois d'acheter la gloire d'aimer la vérité, et qu'on lui donne quelque entrée. Encore faut-il que l'amour-propre la lui ouvre, et qu'elle

----

(1) *Une passion vive et agissante*, une passion dans toute sa force.
(2) C'est comme si on relevait simplement quelques taches sur un beau corps.
(3) *L'économie*, disposition, ordre des parties d'un ouvrage.

soit accompagnée de témoignages d'estime et d'affection pour n'être pas rejetée.

En somme, les hommes aiment la vérité en général comme ils aiment le bien en général, c'est-à-dire seulement dans la mesure où la vérité et la vertu ne s'opposent point à leur amour-propre (Ch. VI). S'ils répètent fréquemment la maxime : « Connais-toi toi-même », c'est surtout à cause de l'impatience que leur causent les défauts des autres (Ch. VII). D'ailleurs, ils ne trouvent point dans leur nature de motifs bien pressants de désirer se connaître (Ch. VIII). Et cependant, la connaissance de soi-même produit toutes les vertus (Ch. IX). Le chapitre X est un résumé des raisons théologiques qui peuvent faire désirer aux fidèles cette connaissance d'eux-mêmes.

DEUXIÈME PARTIE

Cependant, les hommes devraient être humiliés de découvrir dans leur nature tant de haine pour la vérité (Ch. I). Combien, même chez les meilleurs d'entre eux, l'amour de la vérité n'est-il pas faible, comparé aux autres inclinations (Ch. II)! Il est vrai que Dieu seul peut nous donner assez de lumière pour que nous parvenions à acquérir la connaissance de nous-même ; mais cela n'exclut pas de notre part l'application à acquérir cette connaissance (Ch. III).

Pour se connaître soi-même, il faut d'abord s'instruire des règles de la morale (Ch. IV); puis, étudier ses inclinations, bonnes et mauvaises (Ch. V). Il faut considérer ses défauts dans leur grandeur et dans leurs suites, et ses vertus avec les imperfections qui y sont jointes; (Ch. VI); s'efforcer de connaître ses défauts cachés (Ch. VII), et aller au-devant de la vérité en tâchant de s'édifier des vertus et de s'instruire par les défauts des autres (Ch. VIII).

CHAPITRE NEUVIÈME

Qu'il se faut instruire par les jugements qu'on entend faire des autres.

Outre les instructions que l'on peut tirer des défauts des autres que l'on aperçoit par soi-même, on peut en tirer aussi de fort importantes des jugements qu'on en entend faire à ceux qui s'en entretiennent. Car on en peut apprendre que c'est en vain que l'on dissimule ses défauts, et que l'on s'offense de ceux qui en parlent ; que l'on ne fait par là qu'y appliquer (1) les gens un peu davantage : parce qu'au lieu qu'ils sont d'ordinaire fort indulgents aux imperfections de ceux qui les reconnaissent de bonne foi, ils ne souffrent au contraire qu'avec impatience celles qu'on prétend cacher, et dont on ne leur permet pas de parler avec liberté. Que s'ils gardent quelque retenue avec ceux dont ils ont sujet de se défier, ils trouvent toujours quelqu'un à qui ils se déchargent, et par ce moyen ces jugements se répandent en secret de l'un à l'autre, à peu près comme si l'on en parlait publiquement. De sorte qu'il faut faire état (2) que le seul moyen d'empêcher qu'on ne parle de nos défauts, c'est de s'en corriger, ou de témoigner qu'on le désire sérieusement, et qu'on est bien aise d'en être averti.

On peut encore apprendre par les jugements qu'on entend faire des autres, que personne ne sait ce qu'on pense de lui, ni quelle impression ses actions font sur l'esprit du monde, d'où il arrive qu'en se formant de fausses idées de la disposition des autres envers soi, on prend ensuite de fausses mesures. On ne fait pas le bien qu'on pourrait faire, et on ne prévient pas le mal qu'on aurait pu prévenir. On choque les autres en mille manières sans le savoir, et l'on rompt ainsi peu à peu tous les liens qui formaient l'union qu'on avait avec eux.

(1) *Y appliquer les gens,* appeler sur ce point leur attention.
(2) *Qu'il faut faire état,* tenir pour bien fondé que.

On s'aperçoit bien à la fin de quelques-uns de ces mauvais effets, mais cela ne fait qu'augmenter l'illusion où l'on est. Car, faute de connaître ce qu'il y a effectivement de choquant en notre conduite, on rejette tout le tort sur les autres : on leur attribue des mouvements, des intentions et des desseins auxquels ils n'ont jamais pensé : et sur cela on se forme d'eux des idées peu avantageuses qui, paraissant au dehors par quelques marques extérieures, augmentent encore l'éloignement qu'ils ont de nous.

Il est vrai qu'il ne faut pas régler absolument sa conduite sur les opinions et les impressions des autres. Mais quand ces opinions et ces impressions sont uniformes, elles donnent souvent lieu de reconnaître qu'elle n'est pas réglée selon les lois de Dieu : les autres étant d'ordinaire plus subtils que nous-mêmes à découvrir ce qui vient en nous de passion et d'amour-propre. Souvent, même lorsque ces impressions sont injustes, elles ne laissent pas d'avoir quelque cause en nous, à laquelle on pourrait remédier. Enfin, quelque déraisonnables qu'elles soient, comme elles peuvent être aigries ou adoucies par notre conduite, qu'elles servent d'obstacles à certaines entreprises, et qu'elles en facilitent d'autres, et qu'on peut quelquefois prendre des biais pour les éviter, il est toujours bon de les savoir, pourvu qu'on ait la force de les souffrir.

CHAPITRE ONZIÈME (1)

Défaut qu'il faut éviter pour donner la liberté aux autres de nous dire leurs sentiments. En quoi consiste l'opiniâtreté.

... Il faut supposer que chacun, étant prévenu d'une part, qu'on n'aime point à être averti de ses défauts, et

(1) Nous laissons de côté les considérations purement théologiques contenues dans le ch. x, et au début du ch. xi.

n'étant pas bien aisé de l'autre de s'attirer notre aversion, est disposé par là à s'exempter de nous rendre cet office de charité, et à ne nous rien découvrir de ce qu'il pense de nous, et de ce qu'il sait que les autres en pensent. Ainsi, à moins que de lever cet obstacle et d'aller comme au-devant de la vérité, en excitant les autres à nous la dire, en leur témoignant d'une manière non suspecte que nous nous en tenons obligés de quelque manière qu'ils le fassent, et en dissipant ainsi la crainte qu'ils ont de se rendre odieux, ils garderont toujours avec nous cette retenue trompeuse qui nous entretient dans l'ignorance de plusieurs choses qu'il nous serait très important de savoir.

Il ne suffit pas pour cela de recevoir sans émotion les avis qu'on nous donne, ni même d'en remercier ceux qui prennent la liberté de nous les donner. Car tout le monde sait assez que, comme il est honteux de témoigner de s'en offenser, on tâche de se faire honneur d'être civil en ces occasions. Mais il faut persuader aux gens que ces civilités sont sincères ; et c'est ce qui ne se peut, à moins que d'éviter quantité de choses que le monde prend pour des marques d'un secret mécontentement et d'un dépit que nous n'osons découvrir.

Il ne faut pas prétendre, par exemple, que l'on prenne jamais la liberté de nous avertir de rien, si l'on voit que nous n'ayons d'union et de liaison qu'avec ceux qui entrent absolument dans tous nos sentiments, et que nous ne témoignions à tous les autres que de la sécheresse et de la froideur.

Si l'on voit que sitôt que quelqu'un se sera hasardé de (1) nous donner quelque avis, nous entrions dans un esprit de réserve à son égard ; que nous nous trouvions embarrassés toutes les fois que nous sommes avec lui, et que nous n'agissions plus d'une manière libre et naturelle ; si l'on voit que, pour avoir plus de droit de rejeter cet avis, nous y donnions un mauvais tour, et

(1) *Hasardé de.* Nous disons hasardé à.

que nous le proposons d'une manière odieuse pour le faire condamner par ceux à qui nous en parlons ; si nous cherchons dans la personne de celui qui l'a donné de quoi décrier son sentiment ; si dans les occasions qui s'en présentent, nous parlons de lui d'une manière plus aigre et plus sèche qu'à l'ordinaire ; enfin, si l'on s'aperçoit que cela nous ait fait une plaie dans le cœur, que nous nous en souvenions, et que nous mêlions à dessein dans nos discours certaines apologies affectées par rapport aux défauts dont on nous a avertis ; si nous n'évitons, dis-je, toutes ces choses qui font voir que nous sommes intérieurement piqués, il ne faut pas espérer que l'on s'arrête à des paroles de civilité, qui sont détruites par tant de marques réelles d'un mécontentement secret.

C'est le sentiment d'un sage païen, que celui qu'on avertit de quelque défaut ne doit pas faire de même sur le champ à l'égard de celui dont il reçoit un avertissement, et qu'il doit attendre un autre temps à lui rendre cet office. Mais il faut étendre cet avis beaucoup plus loin. Car non seulement il ne faut pas reprendre sur le champ ceux qui nous reprennent, mais il faut même éviter de les reprendre lorsqu'il y aurait lieu de soupçonner que quelque dépit secret nous aurait ouvert les yeux sur leurs défauts, et nous auraient appliqués à les remarquer. On doit supposer qu'ils sont en peine de l'effet des avis qu'ils ont donnés, et qu'ils s'apercevront des moindres signes que nous donnerons de les trouver mauvais ; qu'ils rapporteront à cette cause tout ce qu'ils remarqueront en nous de froideur et de chagrin (1) pour eux, ce qui leur rendrait nos avis inutiles, et leur donnerait lieu de faire de nous un jugement téméraire. Et c'est ce qui nous oblige d'être en garde de ce côté là, et de leur témoigner même plus d'ouverture et de confiance que nous n'aurions fait en un autre temps.

Il est d'autant plus important de garder cette conduite

(1) *Chagrin.* Mécontentement.

envers ceux qui se hasardent de nous donner des avis, qu'en agissant autrement, on ne ferme pas seulement la bouche à une ou deux personnes, mais qu'on la ferme presque à tout le monde. Car il ne faut que deux ou trois rencontres de cette nature pour s'attirer la réputation de délicatesse (1), et pour passer dans l'esprit de ceux qui nous connaissent, pour gens qui n'aiment pas qu'on leur parle librement. Or, dès que cette impression est formée, c'est une barrière invincible contre la vérité. Chacun a ses prétextes pour s'exempter de la dire à des gens si délicats. On craint toujours de les choquer et de les aigrir. Ainsi, dans le doute, on prend ordinairement le parti de se taire, et de ne leur rien dire de désagréable.

C'est avec raison que l'on plaint les grands et les princes de ce que leur grandeur fait que la vérité n'ose approcher d'eux, et qu'ils passent ainsi toute leur vie dans l'illusion. Mais certainement on n'a guère moins sujet de plaindre sur ce point la plupart de ceux qui sont en quelque considération dans le monde. Car s'ils ne sont princes par naissance, ils se font princes par humeur, en répandant parmi tous ceux qui les approchent certaines terreurs qui empêchent leurs plus intimes amis de leur parler avec ouverture. D'où il arrive que souvent ils ne sont pas informés de ce qui sert d'entretien à tout le monde ; qu'ils s'imaginent d'être approuvés dans ce qui est universellement condamné ; et enfin, qu'ils prennent presque en toutes choses de fausses mesures.

C'est pourquoi, ajoute l'auteur, il faut éviter la réputation de susceptibilité, qui empêche même nos amis de nous faire connaître librement leur opinion. Il ne faut pas non plus être si fortement attachés à notre sentiment qu'on ne puisse le contredire sans nous chagriner.

Enfin, il faut savoir entendre le langage des avertissements, discerner celui de la flatterie et interpréter même celui du silence (Ch. XII).

_____

(1) *Délicatesse*, susceptibilité.

Quelle que soit d'ailleurs notre application à nous connaître nous même, nous n'y parviendrons jamais qu'imparfaitement (Ch. XIII).

Conclusion : aussi, tout en reconnaissant son impuissance à cet égard, l'homme doit-il s'en remettre à la miséricorde divine (Ch. XIV).

ANALYSE

DU TRAITÉ DES MOYENS DE CONSERVER LA PAIX AVEC LES HOMMES

Le traité *Des moyens de conserver la paix avec les hommes* est le plus célèbre et le plus original des traités de morale de Nicole. Voltaire fait remarquer avec raison que l'antiquité (qui nous a légué tant de chefs-d'œuvre en ce genre) n'en a laissé aucun qui ait servi de modèle à celui-ci.

Dès que cet ouvrage parut, il excita parmi les contemporains une admiration dont nous retrouvons l'écho dans les lettres de Mme de Sévigné.

« Je lis M. Nicole avec un plaisir qui m'enlève, surtout je suis charmée du troisième traité *des Moyens de conserver la paix avec les hommes* ; lisez-le, je vous prie, avec attention, et voyez comme il fait voir nettement le cœur humain, et comme chacun s'y trouve, et philosophes, et jansénistes, et molinistes, et tout le monde enfin. Ce qui s'appelle chercher dans le fond du cœur avec une lanterne, c'est ce qu'il fait. Il nous découvre ce que nous sentons tous les jours et que nous n'avons pas l'esprit de démêler ou la sincérité d'avouer; en un mot, je n'ai jamais vu écrire comme ces messieurs là ». (*Lettre du 30 septembre* 1671.)

« Vous savez que je suis toujours un peu entêtée de mes lectures; ceux à qui je parle ont intérêt que je lise de beaux livres. Celui dont il s'agit présentement, c'est cette morale de Nicole. Il y a un traité sur les moyens d'entretenir la paix entre les hommes, qui me ravit; je n'ai jamais rien vu de plus utile, ni si plein d'esprit et de lumière. Si vous ne l'avez pas lu, lisez-le; et si vous l'avez lu, relisez-le avec une nouvelle attention. Je crois que tout le monde s'y trouve; pour moi, je suis persuadée qu'il a été fait à mon intention, j'espère aussi d'en profiter; j'y ferai tous mes efforts. » (*Lettre du 7 octobre* 1671.)

Le traité *des Moyens de conserver la paix avec les hommes* se divise en deux parties.

Nicole expose d'abord les raisons que nous avons de garder la paix avec nos semblables. Or, cette paix ne peut être stable qu'à deux conditions, qui sont : de ne pas blesser nos semblables, d'une part ; et d'autre part, de ne nous blesser de rien.

De ce double précepte dérive la division de l'ouvrage en deux parties :

Dans la première, l'auteur indique quelles sont les précautions que nous devons prendre pour éviter de blesser notre prochain. Dans la deuxième, il insiste sur l'obligation de supporter avec douceur ce que nos semblables peuvent dire ou faire de contraire à nos opinions ou à nos inclinations.

Il conclut en remarquant qu'il ne faut pas faire dépendre la paix de notre âme de la perfection de nos semblables, car la nature humaine est nécessairement imparfaite.

EXTRAITS DU TRAITÉ

DES MOYENS DE CONSERVER LA PAIX AVEC LES HOMMES

PREMIÈRE PARTIE

Les hommes doivent s'appliquer à procurer la paix de la société dont ils font partie (Ch. I). La raison, d'accord avec la religion, nous inspire le soin de la paix (Ch. II). L'intérêt de nos semblables, et l'intérêt, supérieur encore, de la vérité, nous obligent à ne pas aigrir inutilement nos semblables contre nous (Ch. III.)

CHAPITRE QUATRIÈME

**Règle générale pour conserver la paix.
Ne blesser personne, et ne se blesser de rien. Deux
manières de choquer les autres : contredire
leurs opinions, s'opposer à leurs passions.**

Mais la peine n'est pas de se convaincre soi-même de la nécessité de conserver l'union avec le prochain, c'est de la conserver effectivement en évitant ce qui la peut altérer. Il est certain qu'il n'y a qu'une charité abondante (1) qui puisse produire ce grand effet. Mais entre les moyens humains qu'il est utile d'y employer, il semble qu'il n'y en ait point de plus propre que de s'appliquer à bien connaître les causes ordinaires des

(1) *Charité abondante.* Un grand amour du prochain constitue un fonds de charité inépuisable.

divisions qui arrivent entre les hommes, afin de les
pouvoir prévenir. Or, en les considérant en général, on
peut dire qu'on ne se brouille avec les hommes que
parce qu'en les blessant, on les porte à se séparer de
nous ; ou parce qu'étant blessés par leurs actions ou par
leurs paroles, nous venons nous-mêmes à nous éloigner
d'eux et à renoncer à leur amitié. L'un et l'autre se peut
faire, ou par une rupture manifeste, ou par un refroidis-
sement insensible. Mais de quelque manière que cela se
fasse, ce sont toujours ces mécontentements réciproques
qui sont les causes des divisions : et l'unique moyen de
les éviter, c'est de ne jamais faire rien qui puisse blesser
personne, et de ne se blesser jamais de rien.

Il n'y a rien de plus facile que de prescrire cela en
général. Mais il y a peu de choses plus difficiles à prati-
quer en particulier ; et l'on peut dire que c'est ici une de
ces règles qui, étant fort courtes dans les paroles, sont
d'une extrême étendue dans le sens, et renferment dans
leur généralité un grand nombre de devoirs très importants. C'est pourquoi il est bon de la développer en exa-
minant plus particulièrement par quels moyens on peut
éviter de blesser les hommes, et mettre son esprit dans
la disposition de ne se point blesser de ce qu'ils peuvent
faire ou dire contre nous.

Le moyen de réussir dans la pratique du premier de
ces devoirs est de savoir ce qui les (1) choque, et ce qui
forme en eux cette impression qui produit l'aversion et
l'éloignement. Or il semble que toutes les causes s'en
peuvent réduire à deux, qui sont de contredire leurs
opinions, et de s'opposer à leurs passions. Mais comme
cela peut se faire en diverses manières, que ces opinions
et ces passions ne sont pas toutes de même nature, et
qu'il y en a pour lesquelles ils sont plus sensibles que
pour d'autres, il faut encore pousser cette recherche
plus loin, en considérant plus en détail les jugements et
les passions qu'il est plus dangereux de choquer.

(1) *Les*, les hommes.

En effet, certaines causes particulières rendent certaines personnes plus attachées que d'autres à leurs opinions; telles sont surtout les qualités d'esprit qui, sans augmenter nos lumières, nous persuadent que nous avons raison (Ch. V). Il est également dangereux de choquer les opinions qui sont celles de tout un pays ou de toute une classe de la société (Ch. VI). On n'est pas non plus obligé de contredire toutes les fausses opinions; il faut, dans la critique, apporter beaucoup de retenue, et savoir se passer de confident, ce qui est difficile à l'amour-propre. (Ch. VII). Une autre précaution indispensable est d'avoir égard à l'opinion que les autres ont de nous, avant de chercher à contredire leurs sentiments pour leur faire partager les nôtres (Ch. VIII).

CHAPITRE NEUVIÈME

Qu'il faut éviter certains défauts en contredisant les autres.

Il ne faut pourtant pas porter les maximes que nous avons proposées jusqu'à faire généralement scrupule dans la conversation de témoigner que l'on n'approuve pas quelques opinions de ceux avec qui on vit. Ce serait détruire la société au lieu de la conserver, parce que cette contrainte serait trop gênante, et que chacun aimerait mieux se tenir en son particulier. Il faut donc réduire cette réserve aux choses plus essentielles, et auxquelles on voit que les gens prennent plus d'intérêt; et encore y aurait-il des voies pour les contredire de telle sorte qu'il serait impossible qu'ils s'en offensassent. Et c'est à quoi il faut particulièrement s'étudier, le commerce de la vie ne pouvant même subsister, si l'on n'a la liberté de témoigner que l'on n'est pas du sentiment des autres.

Ainsi, c'est une chose très utile que d'étudier avec soin comment on peut proposer ses sentiments d'une manière si douce, si retenue et si agréable, que personne ne s'en puisse choquer. Les gens du monde le pratiquent admirablement à l'égard des grands, parce que la cupidité (1) leur en fait trouver les moyens. Et nous les trouverions aussi bien qu'eux, si la charité était aussi agissante en nous que la cupidité l'est en eux, et qu'elle nous fît appréhender de blesser nos frères, que nous devons regarder (2) comme nos supérieurs dans le royaume de Jésus-Christ, autant qu'ils appréhendent de blesser ceux qu'ils ont intérêt de ménager pour leur fortune.

Cette pratique est si importante et si nécessaire dans tout le cours de la vie, qu'il faudrait avoir un soin particulier de s'y exercer. Car souvent ce ne sont pas tant nos sentiments qui choquent les autres, que la manière fière, présomptueuse, passionnée, méprisante, insultante, avec laquelle nous les proposons. Il faudrait donc apprendre à contredire civilement et avec humilité, et regarder les fautes que l'on y (3) fait comme très considérables.

Il est difficile de renfermer dans des règles et des préceptes particuliers toutes les diverses manières de contredire les opinions des autres sans les blesser. Ce sont les circonstances qui les font naître, et la crainte charitable de choquer nos frères qui nous les fait trouver. Mais il y a certains défauts généraux qu'il faut avoir en vue d'éviter, et qui sont les sources ordinaires de ces mauvaises manières. Le premier est l'ascendant, c'est-à-dire une manière impérieuse de dire ses sentiments, que peu de gens peuvent souffrir, tant parce qu'elle représente l'image d'une âme fière et hautaine, dont on a naturellement de l'aversion, que parce qu'il semble qu'on veuille dominer sur les esprits et s'en rendre le maître. On connaît assez cet air, et il faut que chacun observe en particulier ce qui le donne.

C'est, par exemple, une espèce d'ascendant que de

_____

(1) *Cupidité* : avidité dans la poursuite de notre intérêt personnel.

(2) *Regarder comme nos supérieurs.* Ainsi, du moins, selon Nicole, le veut l'humilité chrétienne.

(3) *Que l'on y fait*, les fautes que l'on fait contre ce précepte.

faire paraître du dépit de ce que l'on ne nous croit pas, et d'en faire des reproches. Car c'est comme accuser ceux à qui l'on parle, ou d'une stupidité qui fait qu'ils ne sauraient entrer dans nos raisons, ou d'une opiniâtreté qui les empêche de s'y rendre. Nous devons être persuadés, au contraire, que ceux qui ne sont pas convaincus par nos raisons ne doivent pas être ébranlés par nos reproches, puisque ces reproches ne leur donnent aucune lumière, et qu'ils marquent seulement que nous préférons notre jugement au leur, et que nous ne nous soucions pas (1) de les blesser.

C'est encore un fort grand défaut que de parler d'un air décisif, comme si ce qu'on dit ne pouvait être raisonnablement contesté. Car l'on choque ceux à qui l'on parle de cet air, ou en leur faisant sentir qu'ils contestent une chose indubitable, ou en faisant paraître qu'on leur veut ôter la liberté de l'examiner et d'en juger par leur propre lumière, ce qui leur paraît une domination injuste.

Car ceux qui ont cet air affirmatif, témoignent non seulement qu'ils ne doutent pas de ce qu'ils avancent, mais aussi qu'ils ne veulent pas qu'on en puisse douter. Or, c'est trop exiger des autres, et s'attribuer trop à soi-même. Chacun veut être juge de ses opinions, et ne les recevoir que parce qu'il les approuve. Tout ce que ces personnes gagnent donc par là, est que l'on s'applique encore plus qu'on ne ferait aux raisons de douter de ce qu'ils (2) disent, parce que cette manière de parler excite un désir secret de les contredire, et de trouver que ce qu'ils proposent avec tant d'assurance n'est pas certain, ou ne l'est pas au point qu'ils s'imaginent.

La chaleur qu'on témoigne pour ses opinions est un défaut différent de ceux que je viens de marquer, qui sont compatibles avec la froideur. Celui-ci (3) fait croire que non seulement on est attaché à ses sentiments par per-

(1) *Que nous ne nous soucions pas*, qu'il nous importe peu de les blesser.

(2) *Ils*, pour les personnes. Syllepse.

(3) *Celui-ci*, ce défaut : la chaleur.

suasion, mais aussi par passion ; ce qui sert à plusieurs de (1) préjuger de la fausseté de ces sentiments, et leur fait une impression toute contraire à celle que l'on prétend. Car le seul soupçon qu'on a plutôt embrassé (2) une opinion par passion que par lumière, la leur rend suspecte. Ils y résistent comme à une injuste violence qu'on leur veut faire, en prétendant leur faire entrer par force les choses dans l'esprit, et souvent même, prenant ces marques de passion pour des espèces d'injures, ils se portent à se défendre avec la même chaleur qu'ils sont attaqués.

C'est un défaut si visible que de s'emporter dans la dispute à des termes injurieux et méprisants, qu'il n'est pas nécessaire d'en avertir. Mais il est bon de remarquer qu'il y a de certaines rudesses et incivilités qui tiennent du mépris, quoiqu'elles puissent venir d'un autre principe. C'est bien assez qu'on persuade à ceux que l'on contredit qu'ils ont tort et qu'ils se trompent, sans leur faire encore sentir par des termes durs et humiliants, qu'on ne leur trouve pas la moindre étincelle de raison. Et le changement d'opinions où on les veut réduire est assez dur à la nature, sans y ajouter encore de nouvelles duretés. Ces termes ne peuvent être bons que dans les réfutations que l'on fait par écrit, où l'on a plus dessein de persuader ceux qui les lisent du peu de lumière de celui qu'on réfute, que de l'en persuader lui-même.

Enfin la sécheresse, qui ne consiste pas tant dans la dureté des termes que dans le défaut (3) de certains adoucissements, choque aussi pour l'ordinaire, par ce qu'elle enferme quelque sorte d'indifférence et de mépris. Car elle laisse la plaie que la contradiction fait, sans aucun remède qui en puisse diminuer la douleur. Or ce n'est pas avoir assez d'égard pour les hommes, que

(1) *Ce qui sert à plusieurs de préjuger*, ce qui rend à plusieurs le mauvais service de leur faire croire sans examen que ces opinions sont fausses.

(2) *Qu'on a embrassé*; nous écririons : *Qu'on ait embrassé*.

(3) *Le défaut*, le manque de.

de leur faire quelque peine sans la ressentir, et sans
essayer de l'adoucir : et c'est ce que la sécheresse ne fait
point; parce qu'elle consiste proprement à ne le point
faire, et à dire durement les choses dures. On ménage
ceux que l'on aime et que l'on estime, et ainsi on
témoigne proprement à ceux que l'on ne ménage point,
qu'on n'a ni amitié, ni estime pour eux.

Toutefois, pour réussir dans la pratique de ces règles, il est
indispensable d'avoir au fond du cœur cette sagesse et cette
humilité dont nos manières ne doivent être que l'expression
(chapitre X). Il faut respecter les hommes et ne pas regarder
comme dure l'obligation qu'on a de les ménager (chapitre XI).

CHAPITRE DOUZIÈME

**Que quoique le dépit que les hommes ont,
quand on s'oppose à leurs passions, soit injuste,
il n'est pas à propos de s'y opposer.
Trois sortes de passions, justes, indifférentes,
injustes. Comment on se doit conduire
à l'égard des passions injustes.**

Ce que nous avons dit des moyens de ne pas blesser
les hommes en contredisant leurs opinions, nous donne
beaucoup d'ouverture pour comprendre de quelle sorte
il les faut ménager dans leurs passions, puisque ces opinions mêmes en font partie, et qu'ils ne se piquent,
quand on combat leurs opinions, que parce qu'ils les
aiment, et qu'ils y sont attachés par passion.
  Ce dépit qu'ils ressentent, quand on s'oppose à leurs
désirs, vient de la même source que celui qu'ils ont
quand on contredit leur sentiment; c'est-à-dire d'une
tyrannie naturelle, par laquelle ils voudraient dominer
sur tous les hommes, et les assujettir à leurs volontés.
Mais parce qu'elle (1) paraît trop déraisonnable quand
elle se montre à découvert, l'amour-propre a soin de la

(1) *Elle*, cette tyrannie.

déguiser en couvrant les passions d'un voile de justice, et en leur (1) persuadant que l'opposition qu'ils y (2) trouvent ne les offense que parce qu'elle est injuste et contraire à la raison.

Mais encore que ce sentiment soit injuste, et qu'on ne dût pas l'avoir, il n'est pas juste néanmoins de se mettre au hasard de l'exciter par son indiscrétion : et il peut souvent arriver que, comme celui qui s'offense de ce que l'on ne suit pas ses inclinations, a tort, celui qui ne les suit pas en a encore davantage : parce qu'il manque à quelque devoir à quoi la raison l'obligeait, et qu'il est cause des fautes que ce dépit fait commettre à ceux qui le ressentent.

Il faut donc s'appliquer à ce que l'on doit aux inclinations des autres, parce qu'autrement il est impossible d'éviter les plaintes, les murmures, les querelles, qui sont contraires à la tranquillité de l'esprit et à la charité, et par conséquent à l'état d'une vie vraiment chrétienne.

Or, il faut remarquer d'abord que nous ne recherchons pas ici le moyen de plaire aux hommes, mais seulement celui de ne leur pas déplaire et de ne nous pas attirer leur aversion, parce que cela suffit à la paix dont nous parlons. Il est vrai qu'en gagnant leur affection on y réussit mieux : mais souvent cette affection coûte trop (3) à acquérir. Il faut se contenter de ne pas se faire haïr, et d'éviter les reproches et les plaintes. Et c'est ce que l'on ne peut faire qu'en étudiant les inclinations des hommes, et en les suivant autant que la justice ou l'exige, ou le permet.

Entre ces inclinations, il y en a que l'on peut appeler justes, d'autres indifférentes, et d'autres injustes. Il ne

(1) *Leur*, aux hommes.

(2) *Qu'ils y trouvent*, l'opposition qu'ils trouvent qu'on fait à leurs passions.

(3) *Cette affection coûte trop à acquérir*. Le sens de cette phrase est que, pour obtenir l'affection de nos semblables, il faut bien souvent se rendre agréable à eux en étouffant la voix de notre conscience, et c'est à un sacrifice de cette nature que nous ne devons pas consentir.

faut jamais contenter positivement celles qui sont injustes:
mais il n'est pas toujours nécessaire de s'y opposer.
Lorsqu'on le fait, il faut toujours comparer le bien et le
mal, et voir si l'on a sujet d'espérer un plus grand bien
de cette opposition, que le mal qu'elle pourra causer.

L'auteur ajoute qu'il ne faut prendre la charge de s'opposer
aux passions même les plus injustes qu'autant qu'on a qualité
pour le faire, et qu'on doit avoir soin, en ce cas, de choisir
les voies les moins choquantes et les plus douces.

CHAPITRE TREIZIÈME

Comment on se doit conduire à l'égard des passions indifférentes et justes des autres.

J'appelle passions indifférentes, celles dont les objets,
n'étant pas mauvais d'eux-mêmes, pourraient être
recherchés sans passion et par raison, quoique peut-être
on les recherche avec une attache vicieuse. Or dans ces
sortes de choses nous avons encore plus de liberté de
nous rendre aux inclinations des autres. Car nous ne
sommes pas leurs juges : et il faut une évidence entière
pour avoir droit de juger qu'ils ont trop d'attache à ces
objets d'ailleurs innocents. Nous ne savons pas même si
ces attaches ne leur sont point nécessaires, puisqu'il y a
bien des gens qui tomberaient dans des états dangereux
si on les séparait tout d'un coup de toutes les choses
auxquelles ils ont de l'attache. De plus, ces sortes d'attaches se doivent détruire avec prudence et circonspection,
et nous ne devons pas nous attribuer le droit de juger
de la manière dont il faut s'y prendre. Enfin, il est souvent à craindre que nous ne leur fassions plus de mal
par l'aigreur que nous leur causons en nous opposant
indiscrètement (1) à ces passions que l'on appelle inno-

---

(1) *Indiscrètement,* sans discernement.

centes, que nous ne leur procurons de bien pour l'avis que nous leur donnons.

Il peut donc y avoir de l'indiscrétion à parler fortement contre l'excès de la propreté (1) devant les personnes qui y ont de l'attache; contre l'inutilité des peintures devant ceux qui les aiment; contre les vers et la poésie devant ceux qui s'en mêlent. Ces sortes d'avertissements sont des espèces de remèdes; ils ont leur (2) amertume, leur désagrément et leur danger. Il faut donc les donner avec les mêmes précautions que les médecins dispensent (3) les leurs, et c'est agir en empirique ignorant que de les proposer à tout le monde sans discernement.

Il suffit pour se rendre aux inclinations des autres, lors même qu'on les soupçonne d'y avoir de l'attache, de ne pas voir clairement qu'on leur soit utile en s'y opposant. Il faut de la lumière et de l'adresse pour entreprendre de les guérir; mais le défaut de l'une ou de l'autre suffit pour se rendre à leurs désirs dans les choses qui ne sont pas mauvaises d'elles-mêmes. Car alors on a droit de régler ses actions par la loi générale de la charité, qui nous doit rendre disposés à servir et obliger tout le monde. Et l'utilité (4) d'acquérir leur affection, en leur témoignant qu'on les aime, se rencontrant toujours dans cette condescendance, il faut un avantage (5) plus grand et plus clair pour nous porter à nous en priver.

J'appelle passions justes, celles dans lesquelles nous sommes obligés par quelque loi de suivre les autres, quoiqu'il ne soit peut-être pas juste qu'ils exigent de nous cette déférence. Car, comme nous sommes plus obligés de satisfaire à nos obligations que de corriger

(1) *Propreté* : recherche, dans l'ajustement ou dans la parure.
(2) *Ils ont leur*, ils en ont l'amertume, le désagrément, le danger.
(3) *Dispensent*, distribuent, prescrivent à chacun en particulier.
(4) *Utilité*, il ne s'agit pas ici du profit matériel et grossier que nous pouvons tirer de l'affection de nos semblables, mais bien de la nécessité de prendre tous les moyens propres à y parvenir, si nous voulons avoir fait tout notre devoir à leur égard.
(5) Un *avantage*, même interprétation que celle de la note précédente.

leurs défauts, la raison veut que nous nous acquittions avec simplicité de ce que nous leur (1) devons, et que nous leur ôtions ainsi tout sujet de plainte, sans nous mettre en peine s'ils ne l'exigent point avec trop d'empire ou avec trop d'empressement.

Or pour comprendre l'étendue de ces devoirs, il faut savoir qu'il y a des choses que nous devons aux hommes selon certaines lois de justice (2), que l'on appelle proprement lois, et d'autres que nous leur devons selon de simples lois de bienséances (3), dont l'obligation naît du consentement des hommes qui sont convenus entre eux de blâmer ceux qui y manqueraient. C'est de cette dernière manière que nous devons à ceux avec qui nous vivons les civilités établies entre honnêtes gens, quoiqu'elles ne soient point réglées par des lois expresses ; que nous leur devons certains services, selon le degré de liaison que nous avons avec eux ; que nous leur devons une correspondance (4) d'ouverture et de confiance, à proportion de ce qu'ils nous en témoignent ; car les hommes ont établi (5) toutes ces lois. Il y a de certaines choses qu'on doit faire pour ceux avec qui on est en un certain degré de familiarité, que l'on pourrait refuser à d'autres sans qu'ils eussent le droit de le trouver mauvais. Il faut tâcher de se rendre exact à tous ces devoirs, autrement il est impossible d'éviter les plaintes, les murmures et l'aversion des hommes. Car il n'est pas croyable combien ceux qui ont peu de vertu sont cho-

(1) *Leur*, à eux à nos semblables.
(2) *Lois de justice.* Il s'agit ici des lois civiles.
(3) *Les lois de bienséances.* Ce sont les obligations de la vie sociale dont l'ensemble constitue ce que nous appelons le code des bienséances.
(4) *Une correspondance d'ouverture*, une réciprocité de franchise et d'abandon.
(5) *Car les hommes ont établi toutes ces lois.* L'observation de ces lois de politesse est presque aussi indispensable au maintien de la société que l'observation des lois civiles ; en acceptant de vivre dans la société de nos semblables, nous nous engageons tacitement à nous y conformer ; nos semblables ont donc le droit d'exiger que nous ne manquions pas à cet engagement.

qués quand on manque de leur rendre les devoirs de reconnaissance et de civilité établis dans le monde, et combien ces choses refroidissent le peu qu'ils ont de charité. Ce sont des objets qui les troublent, et qui les irritent toujours, et qui détruisent l'édification qu'ils pourraient recevoir du bien qu'ils voient en nous; parce que ces défauts qui les blessent en particulier, leur sont infiniment plus sensibles que des vertus qui ne les regardent point.

Il convient d'ajouter que nous devons à nos semblables une sorte de gratitude, pour tous les biens que nous procure leur société, et que cette reconnaissance nous fait une obligation d'observer tout au moins la civilité à leur égard (Ch. XIV).

CHAPITRE QUINZIÈME

Raisons fondamentales du devoir de la civilité.

Les hommes croient qu'on leur doit la civilité, et on la leur doit en effet selon qu'elle se pratique dans le monde, mais ils n'en savent pas la raison. S'ils n'avaient pas d'autre droit de l'exiger que celui que leur donne la coutume, on ne la leur devrait pas. Car cela ne suffit pas pour asservir les autres à certaines actions pénibles. Il faut remonter plus haut pour en trouver la source.

Il faut considérer que les hommes sont liés entre eux par une infinité de besoins, qui les obligent par nécessité de vivre en société, chacun en particulier ne se pouvant passer des autres; et cette société est conforme à l'ordre de Dieu, puisqu'il permet ces besoins pour cette fin. Tout ce qui est donc nécessaire pour la maintenir est dans cet ordre, et Dieu le commande en quelque sorte par cette loi naturelle qui oblige chaque partie à la conservation de son tout. Or il est absolument nécessaire, afin que la société des hommes subsiste, qu'ils s'aiment et se respectent les uns les autres. Car le mépris et la haine sont

des causes certaines de désunion. Il y a une infinité de
petites choses très nécessaires à la vie, qui se donnent
gratuitement, et qui, n'entrant pas en commerce, ne se
peuvent acheter que par l'amour. De plus, cette société
étant composée d'hommes qui s'aiment eux-mêmes et
qui sont pleins de leur propre estime, s'ils n'ont quelque
soin de se contenter et de se ménager réciproquement,
ce ne sera qu'une troupe de gens mal satisfaits les uns
des autres, qui ne pourront demeurer unis. Mais comme
l'amour et l'estime que nous avons pour les autres ne
paraissent point aux yeux, ils se sont avisés d'établir
entre eux certains devoirs qui seraient des témoignages
de respect et d'affection : et il arrive de là nécessairement
que de manquer à ces devoirs, c'est témoigner une disposition contraire à l'amour et au respect. Ainsi nous
devons ces actions extérieures à ceux à qui nous devons
les dispositions qu'elles marquent : et nous leur faisons
injure en y manquant, parce que cette omission marque
des sentiments où nous ne devons pas être à leur
égard.

On peut donc et l'on doit même se rendre exact aux
devoirs de civilité que les hommes ont établis : et les
motifs de cette exactitude sont non seulement très justes,
mais ils sont même fondés sur la loi de Dieu. On le doit
faire pour éviter de donner l'idée qu'on a du mépris ou
de l'indifférence pour ceux à qui on ne les rendrait pas ;
pour entretenir la société humaine, à laquelle il est juste
que chacun contribue, puisque chacun en retire des
avantages très considérables ; et enfin pour éviter les
reproches intérieurs ou extérieurs de ceux à l'égard de
qui on y manquerait, qui sont les sources des divisions
qui troublent la tranquillité de cette vie, et cette paix
chrétienne qui est l'objet de ce discours.

DEUXIÈME PARTIE

CHAPITRE PREMIER

Qu'il ne faut pas établir sa paix sur la correction des autres.
Utilité de la suppression des plaintes.
Qu'elles font ordinairement plus de mal que de bien.

Il ne suffit pas, pour conserver la paix avec les hommes, d'éviter de les blesser; il faut encore savoir souffrir d'eux lorsqu'ils font des fautes à notre égard. Car il est impossible de conserver la paix intérieure, si l'on est si sensible à tout ce qu'ils peuvent faire et dire de contraire à nos inclinations et à nos sentiments; et il est difficile même que le mécontentement intérieur que nous aurons conçu n'éclate au dehors, et ne nous dispose à agir envers ceux qui nous auront choqués d'une manière capable de les choquer à leur tour, ce qui augmente peu à peu les différends, et les porte souvent aux extrémités.

Il faut donc tâcher d'arrêter les divisions et les querelles dans leur naissance même. Et l'amour-propre ne manque jamais de nous suggérer sur ce sujet, que le moyen d'y réussir serait de corriger ceux qui nous incommodent (1), et de les rendre raisonnables, en leur faisant connaître qu'ils ont tort d'agir avec nous comme ils le font. C'est ce qui nous rend si sujets à nous plaindre du procédé des autres, et à faire remarquer leurs défauts, ou pour les corriger de ce qui nous déplaît en eux, ou pour les en punir par le dépit que nos plaintes leur peuvent causer, et par le blâme qu'elles leur attirent.

Mais si nous étions nous-mêmes vraiment raisonnables, nous verrions sans peine que ce dessein d'établir la paix sur la réformation des autres est ridicule, par cette raison

---

(1) *Ceux qui nous incommodent*, qui se rendent désagréables à notre égard, en froissant nos convenances particulières.

même que le succès en est impossible. Plus nous nous plaindrons du procédé des autres, plus nous les aigrirons contre nous, sans les corriger. Nous nous ferons passer pour fiers, délicats (1), orgueilleux ; et le pis est que cette opinion qu'on aura de nous ne sera pas tout à fait injuste, puisqu'en effet ces plaintes ne viennent que de délicatesse et d'orgueil. Ceux mêmes qui témoigneront entrer dans nos raisons, et qui croiront qu'on nous aura fait quelque injustice, ne laisseront pas d'être mal édifiés de notre sensibilité. Et comme les hommes sont naturellement portés à se justifier, si ceux dont nous nous plaindrons ont un peu d'adresse, ils tourneront les choses de manière que l'on nous donnera le tort (2). Car souvent le même défaut de justesse d'esprit et d'équité qui fait faire aux gens les fautes dont nous nous plaignons, les empêche aussi de les reconnaître, et leur fait prendre pour vrai ou pour juste tout ce qui peut servir à les justifier.

En somme, les plaintes sont au moins inutiles, au point de vue de la prudence humaine ; condamnables, au point de vue des jugements de Dieu sur nous. Car nous avons plus de sujet de nous plaindre de nous-mêmes que des autres.

Ces considérations peuvent beaucoup servir pour réprimer l'inclination que nous avons à nous décharger le cœur par des plaintes, et pour nous régler extérieurement dans nos paroles. Mais il n'est pas possible que nous demeurions longtemps dans cette retenue, si nous laissons agir au dedans notre ressentiment dans toute sa force et sa violence. Les plaintes extérieures viennent des intérieures, et il est bien difficile de les retenir quand on en a le cœur rempli. Elles échappent toujours et se font ouverture par quelque endroit. Outre que la princi-

---

(1) *Délicats*, difficiles. Voir LA FONTAINE.

> Les délicats sont malheureux :
> Rien ne saurait les satisfaire.

(2) *De manière que l'on nous donnera le tort ;* ce qui serait doublement fâcheux, car d'une part ceux qui nous jugeraient ainsi commettraient un jugement téméraire, et, d'autre part, nous n'aurons pas fait ce que nous aurions dû pour faire triompher la bonne cause.

pale fin de la modération extérieure étant de nous procurer la paix intérieure, il servirait peu de paraître
modéré et patient au dehors, si tout était au dedans dans
le désordre et dans le tumulte. Il faut donc tâcher
d'étouffer aussi bien ces plaintes que l'âme forme en elle-
même, et dont elle est l'unique témoin, que celles qui
éclatent devant les hommes ; et le seul moyen de le faire
est de se dépouiller de l'amour des choses qui les excitent. Car enfin on ne se plaint point pour des choses qui
sont absolument indifférentes.

Les sujets de plaintes sont infinis, puisqu'ils com-
prennent tout ce que nous pouvons aimer, et en quoi les
hommes nous peuvent nuire ou déplaire. On les peut
néanmoins réduire à quelques chefs généraux, comme le
mépris, les jugements injustes, les médisances, l'aversion, l'incivilité, l'indifférence ou l'inapplication (1), la
réserve ou le manque de confiance, l'ingratitude, les
humeurs incommodes.

Au fond, comme le remarque Nicole, nous ne haïssons ces
choses que par suite d'un attachement déraisonnable à l'estime
ou à l'affection des hommes.

Or (Ch. II) il y a bien de la vanité et de l'injustice dans la
complaisance que l'on prend des jugements avantageux que
les autres portent sur nous. Et, par suite, (Ch. III) nous n'avons
pas le droit de nous offenser de ces jugements lorsqu'ils nous
sont défavorables.

CHAPITRE QUATRIÈME

Que la sensibilité que nous éprouvons,
à l'égard des discours et des jugements désavantageux
que l'on fait de nous,
vient de l'oubli de nos maux.
Quelques remèdes de cet oubli et de cette insensibilité.

Je ne prétends pas que ces considérations suffisent
pour nous corriger de notre injustice, mais elles peuvent

(1) *L'indifférence ou l'inapplication.* L'indifférence consiste à

au moins nous en convaincre : et c'est quelque chose que d'être convaincu. Car il y a toujours dans toutes ces plaintes intérieures, et dans ce dépit que nous ressentons des discours et des jugements qu'on fait de nous, un oubli de nos défauts et de nos misères véritables ; puisqu'il est impossible que ceux qui les connaîtraient dans leur grandeur réelle, et qui en auraient le sentiment qu'ils devraient, pussent s'occuper des discours et des jugements des hommes. Un homme chargé de dettes, accablé de procès, de pauvreté, de maladies, ne pense guère à ce qu'on peut dire de lui. La réalité de ses maux véritables ne lui permet pas de s'appliquer à ces maux imaginaires.

Aussi, selon Nicole, le vrai remède à cette susceptibilité est, il de considérer combien les jugements des hommes sont faux, inutiles et impuissants, surtout au regard des jugements de Dieu.

On prétend souvent colorer envers soi-même le dépit intérieur que ces jugements désavantageux nous causent, d'un prétexte de justice, en s'imaginant que nous n'en sommes blessés que parce qu'ils sont injustes et que ceux qui les font ont tort. Mais si cela était, nous serions aussi touchés des jugements injustes que l'on fait des autres, que de ceux que l'on fait de nous ; et comme cela n'est pas, c'est se flatter que de ne pas voir que c'est l'amour-propre qui produit ce dépit que nous sentons dans les choses qui nous regardent. Ce n'est pas l'injustice en soi qui nous blesse, c'est d'en être l'objet. Qu'on lui en donne un autre, notre ressentiment cessera, et nous nous contenterons de désapprouver tranquillement et sans émotion (1) cette même injustice qui nous donnait tant d'indignation.

ne pas distinguer un homme d'un autre ; l'inapplication consiste à ne pas s'attacher aux personnes. Ce terme est à peu près synonyme de DÉTACHEMENT.

(1) *Sans émotion.* Nicole traite ici trop mal la nature humaine ; et l'injustice nous révolte, alors même qu'elle ne nous atteint pas.

Cependant, si nous raisonnions plus juste, nous trouverions que ces jugements désavantageux ne nous regardent point proprement, et que c'est le hasard et non le choix qui les détermine à nous avoir pour objet (1). Car il faut que ceux qui jugent ainsi de nous aient été frappés par quelques apparences qui les y aient portés. Et, quoique ces apparences fussent trop légères, puisque nous supposons que ces jugements sont faux, il est pourtant vrai que ces personnes avaient l'esprit disposé à former ces jugéments sur ces apparences; de sorte qu'ils (2) ne sont nés que de la rencontre de ces apparences avec leur mauvaise disposition. Elles auraient produit le même effet, s'ils les avaient vues en quelque autre. Ainsi nous ne devons point croire que ces jugements nous regardent en particulier; nous devons seulement supposer que ces gens étaient disposés à juger mal de toute personne qui les frapperait par telles ou telles apparences. Le hasard a voulu que ce fût nous. Mais cette mauvaise disposition et cette légèreté d'esprit qui produit les jugements téméraires, n'était pas moins indifférente d'elle-même, qu'une pierre jetée en l'air qui blesse celui sur qui elle tombe, non pas par choix et parce qu'il est un tel homme, mais parce qu'il s'est rencontré au lieu où elle devait tomber.

Il y a de plus une bizarrerie ridicule dans le dépit que nous avons des jugements et des discours désavantageux qu'on a fait de nous. Car il faut avoir peu de connaissance du monde pour n'être pas persuadé qu'il est impossible qu'on n'en fasse. On médit des princes dans leurs antichambres. Leurs domestiques (3) les contrefont. On parle des défauts de ses amis, et on se fait une espèce d'honneur de les reconnaître de bonne foi. Il y a même

(1) *Qui les détermine à nous avoir pour objet* : Qui font que ces jugements portent à point nommé sur nous plutôt que sur d'autres.

(2) *Ils*, ces jugements.

(3) *Leurs domestiques.* Leurs familiers, dans le style de l'époque ceux qui font partie de la maison (*domus*) d'un prince.

des occasions où l'on le peut faire innocemment. Quoi qu'il en soit, il est certain que le monde est en possession de parler librement des défauts des autres en leur absence. Les uns le font par malignité, les autres bonnement; mais il y en a peu qui ne le fassent. Il est donc ridicule de se promettre d'être le seul au monde qu'on épargnera; et si ces jugements et ces discours nous mettent en colère, nous n'en devons jamais sortir. Car il n'y a point de temps où nous ne devions nous tenir assurés en général, ou qu'on parle, ou qu'on a parlé de nous autrement que nous ne voudrions. Mais parce qu'une colère continuelle nous incommoderait trop, il nous plaît de nous l'épargner sans raison, et d'attendre à nous fâcher, qu'on nous rapporte ce qui se dit de nous, et qu'on nous marque ceux qui en parlent. Cependant ce rapport n'y ajoute presque rien, et avant qu'on nous l'eût fait, nous devions nous tenir presque aussi assurés que l'on parlait de nous et de nos défauts, que si l'on nous en eût déjà avertis. Ce petit degré d'assurance que produit le rapport qu'on nous fait, est bien peu de chose, pour changer comme il fait l'état de notre âme.

Ainsi, de quelque manière que l'on considère cette sensibilité que nous éprouvons en ces rencontres, on trouvera qu'elle est toujours ridicule et contraire à la raison.

Il est injuste, d'ailleurs, de vouloir que nos semblables nous aiment pour des mérites que nous n'avons pas (Ch. V) et de ne pouvoir souffrir leur indifférence (Ch. VI). Il y a même une sorte d'injustice dans le dépit que nous fait éprouver l'ingratitude de nos semblables, car souvent nous éteignons la reconnaissance dans leur cœur par la manière dont nous les obligeons (Ch. VII). C'est encore une autre sorte d'injustice que d'exiger que les autres aient confiance en nous et nous découvrent leur secret; car ils n'y sont point tenus (Ch. VIII). Enfin, il y a une sorte de bassesse à exiger impérieusement de nos semblables des témoignages de civilité (Ch. IX).

CHAPITRE DIXIÈME

Qu'il faut souffrir les humeurs incommodes.

Ce n'est pas assez pour conserver la paix, et avec soi-même, et avec les autres, de ne choquer personne, et de n'exiger de personne ni amitié, ni estime, ni confiance, ni gratitude, ni civilité; il faut encore avoir une patience à l'épreuve de toutes sortes d'humeurs et de caprices. Car, comme il est impossible de rendre tous ceux avec qui on vit, justes, modérés et sans défauts, il faudrait désespérer de pouvoir conserver la tranquillité de son âme, si on l'attachait à ce moyen.

Il faut donc s'attendre qu'en vivant avec les hommes, on y (1) trouvera des humeurs fâcheuses, des gens qui se mettront en colère sans sujet, qui prendront les choses de travers, qui raisonneront mal, qui auront un ascendant plein de fierté, ou une complaisance basse et désagréable. Les uns seront trop passionnés, les autres trop froids. Les uns contrediront sans raison, les autres ne pourront souffrir qu'on les contredise en rien. Les uns seront envieux et malins ; d'autres insolents, pleins d'eux-mêmes, et sans égards pour les autres. On en trouvera qui croiront que tout leur est dû, et qui, ne faisant jamais réflexion sur la manière dont ils agissent envers les autres, ne laisseront pas d'en exiger des déférences excessives (2).

Quelle espérance de vivre en repos si tous ces défauts nous ébranlent, nous troublent, nous renversent, et font sortir notre âme de son assiette ?

Il faut donc les souffrir avec patience et sans se troubler... Mais cette patience n'est pas une vertu bien commune. De sorte qu'il est bien étrange qu'étant si diffi-

(1) Y, parmi eux.
(2) Des déférences excessives. Nous employons aujourd'hui le singulier : une déférence excessive.

cile (1) d'une part, et si utile de l'autre, on ait si peu de
soin de s'y exercer, en même temps que l'on s'étudie à
tant d'autres choses inutiles et de peu de fruit.

Un des principaux moyens de l' (2) acquérir, est de
diminuer cette forte impression que les défauts des
autres font sur nous. Et pour cela il est utile de considérer :

1° Que les défauts étant aussi communs qu'ils sont,
c'est une sottise d'en être surpris et de ne s'y pas attendre.
Les hommes sont mêlés de bonnes et de mauvaises qualités. Il les faut prendre sur ce pied là : et quiconque
veut profiter des avantages de leur société, doit se ré-
soudre à souffrir en patience les incommodités qui y sont
jointes.

2° Qu'il n'y a rien de plus ridicule que d'être déraisonnable parce qu'un autre l'est; de se nuire à soi-même
parce qu'un autre se nuit; et de se rendre participant de
toutes les sottises d'autrui, comme si nous n'avions pas
assez de nos propres défauts et de nos propres misères,
sans nous charger encore des défauts et des misères de
tous les autres. Or, c'est ce que l'on fait en s'impatientant
des défauts d'autrui.

3° Que, quelque grands que soient les défauts que nous
trouvons dans les autres, ils ne nuisent qu'à ceux qui les
ont, et ne nous font aucun mal, à moins que nous n'en
recevions volontairement l'impression (3). Ce sont des
objets de pitié, et non de colère, et nous avons aussi peu
de sujet de nous irriter contre les maladies de l'esprit des
autres, que contre celles qui n'attaquent que le corps. Il y
a même cette différence, que nous pouvons contracter
les maladies du corps malgré que nous en ayons (4), au

(1) *Qu'étant si difficile d'une part, et si utile de l'autre.* Que,
puisque la patience est une vertu à la fois si difficile et si utile.

(2) *La,* la patience.

(3) *L'impression.* L'impression que font les passions sur l'imagination, et qui porte les hommes à les éprouver à leur tour.

(4) *Malgré que nous en ayons,* quoi que nous fassions pour nous
y soustraire.

lieu qu'il n'y a que notre volonté qui puisse donner entrée dans nos âmes aux maladies de l'esprit.

4° Nous ne devons pas seulement regarder les défauts des autres comme des maladies, mais aussi comme des maladies qui nous sont communes : car nous y sommes sujets comme eux. Il n'y a point de défauts dont nous ne soyons capables (1) ; et s'il y en a que nous n'avons pas effectivement, nous en avons peut-être de plus grands. Ainsi n'ayant aucun sujet de nous préférer à eux, nous trouverons que nous n'en avons point de nous choquer de ce qu'ils font, et que si nous souffrons d'eux, nous les faisons souffrir à notre tour.

5° Les défauts des autres, si nous les pouvions regarder d'une vue tranquille et charitable, nous seraient des instructions d'autant plus utiles que nous en verrions bien mieux la difformité que (2) des nôtres, dont l'amour-propre nous cache toujours une partie. Ils nous pourraient donner lieu de remarquer que les passions font d'ordinaire un effet tout contraire à celui que l'on prétend (3). On se pique de ce qu'on n'est pas aussi estimé que l'on croit le mériter, et on l'est d'autant moins qu'on cherche plus à l'être. On s'offense de n'être pas aimé ; et en le voulant être par force, l'on attire encore plus l'aversion des gens.

Nous y (4) pourrions voir aussi avec étonnement à quel point ces mêmes passions aveuglent ceux qui en sont possédés : car ces effets, qui sont si sensibles aux autres, leur sont d'ordinaire inconnus. Et il arrive souvent que, se rendant odieux, incommodes et ridicules à tout le monde, ils sont les seuls qui ne s'en aperçoivent pas.

(1) *Dont nous ne soyons capables*, Nous, la nature humaine qui est en nous, si elle se trouvait en d'autres circonstances, dans un milieu différent. Cette opinion, toutefois, est contestable.

(2) *Que des nôtres*, expression elliptique : que nous n'apercevons la difformité de nos défauts.

(3) *A celui que l'on prétend*, à celui auquel on prétend.

(4) *Y*, dans l'étude des défauts des autres.

Et tout cela nous pourrait faire ressouvenir ou des fautes où nous sommes autrefois tombés par des passions semblables, ou de celles où nous tombons encore par d'autres passions qui ne sont peut-être pas moins dangereuses, et dans lesquelles nous ne sommes pas moins aveugles : et par là toute notre application se portant à nos propres défauts, nous en deviendrions beaucoup plus disposés à supporter ceux des autres.

Enfin, il faut considérer qu'il est aussi ridicule de se mettre en colère pour les fautes et les bizarreries des autres, que de s'offenser de ce qu'il fait mauvais temps, ou de ce qu'il fait trop froid ou trop chaud (1); parce que notre colère est aussi peu capable de corriger les hommes que de faire changer les saisons. Il y a même cela de plus déraisonnable en ce point, qu'en se mettant en colère contre les saisons, on ne les rend ni plus ni moins incommodes; au lieu que l'aigreur que nous concevons contre les hommes, les irrite contre nous, et rend leurs passions plus vives et plus agissantes.

Conclusion : Tels sont les principaux moyens qui peuvent servir à conserver la paix avec les hommes. Ils dérivent tous du devoir que nous avons d'affermir notre âme dans l'amour de Dieu, dans le désir d'obéir à sa loi (Ch. XI).

(1) Le Philinte de Molière tient à peu près le même langage, quoique dans un esprit un peu différent :

« Je prends tout doucement les hommes comme ils sont
« J'accoutume mon âme à souffrir ce qu'ils font :
« Et je crois qu'à la cour de même qu'à la ville
« Mon flegme est philosophe autant que votre bile.

. . . .

Et, plus loin :

« Oui, je vois ces défauts dont votre âme murmure
« Comme vices unis à l'humaine nature :
« Et mon esprit enfin n'est pas plus offensé
« De voir un homme fourbe, injuste, intéressé
« Que de voir des vautours affamés de carnage,
« Des singes malfaisants, et des loups pleins de rage.

MOLIÈRE. — *Le Misanthrope.*

TRAITÉ DES JUGEMENTS TÉMÉRAIRES

Nicole remarque, tout d'abord (Ch. I), que les jugements téméraires constituent une injustice manifeste.

Ainsi le jugement téméraire est du nombre des actions qui sont essentiellement mauvaises, et qu'aucunes circonstances ne sauraient rendre excusables, parce qu'il est directement opposé à la justice éternelle. Ce péché peut néanmoins recevoir différents degrés, être tantôt plus grand, et tantôt moindre, selon la qualité de son objet, selon les causes dont il naît, et les effets qu'il produit.

La qualité de l'objet l'augmente ou le diminue, parce que plus les choses sont importantes, plus on est obligé d'être retenu et réservé dans les jugements que l'on en fait : et ainsi on est plus coupable d'en juger témérairement.

Les causes dont il naît le rendent plus ou moins grand, parce que l'ignorance qui en est inséparable, est plus ou moins mauvaise, selon les causes qui la produisent, qui peuvent être fort différentes.

On y tombe quelquefois par une simple précipitation, qui fait prendre pour certain ce qui ne l'est pas. Quelquefois c'est par une attache présomptueuse à nos sentiments, qui empêche de les examiner avec le soin qui serait nécessaire pour discerner la vérité d'avec l'erreur. Mais la plus ordinaire source de cette ignorance toujours jointe aux jugements téméraires, c'est la malignité et l'aversion particulière qu'on se trouve avoir pour ceux dont on juge de la sorte.

Car c'est cette disposition qui nous fait voir en eux des taches et des défauts qu'un œil simple n'y découvrirait jamais.

C'est elle qui applique notre esprit à toutes les choses qui le peuvent porter à en faire un jugement désavantageux, et qui le détourne de tout ce qui nous en pourrait faire juger favorablement. C'est elle qui nous fait sentir vivement les moindres conjectures, et qui grossit à nos yeux les apparences les plus légères. C'est elle qui nous fait deviner leurs intentions cachées, et pénétrer le fond de leurs cœurs. Nous les croyons coupables, parce que nous serions bien aises qu'ils le fussent, et que tout ce qui tend à nous en persuader, nous plaît, et nous entre aisément dans l'esprit. Or, qui doute qu'une source si corrompue n'empoisonne tout ce qui en sort, et ne rende notre ignorance et les jugements qui en naissent, beaucoup plus mauvais et plus désagréables à Dieu que s'ils avaient un autre principe ?

Mais ce qui met encore une plus grande inégalité entre les jugements, c'est qu'il y en a dont les suites sont terribles. Car les divisions et les haines qui troublent la société humaine, et qui éteignent la charité, ne viennent d'ordinaire que de quelques paroles indiscrètes qui nous échappent : et ces paroles indiscrètes viennent des jugements qu'on a formés intérieurement dans son esprit. On commence par juger témérairement du prochain, ce qui est déjà un très grand mal ; ensuite, par une effusion naturelle à l'homme, on en parle témérairement, et ces paroles se communiquant des uns aux autres, corrompent souvent par un malheureux progrès une infinité d'esprits.

Il faut remarquer, de plus, que nous n'en demeurons pas d'ordinaire aux simples jugements. Nous passons des pensées de l'esprit aux mouvements du cœur. Nous concevons de l'aversion et du mépris pour ceux que nous avons légèrement condamnés, et nous inspirons ces mêmes sentiments aux autres. Ainsi nous éteignons quelquefois en eux et en nous la charité qui est la vie de nos âmes.

Ce n'est pas encore tout. Nous ne nuisons pas seulement par là à ceux qui entrent dans nos sentiments, et qui les approuvent : mais nous faisons souvent encore plus de mal à ceux qui ne les approuvent pas, quand ils y sont intéressés. Car lorsqu'ils viennent à connaître ces jugements, notre injustice les irrite, et leur donne une aversion violente contre ceux qui les approuvent.

L'auteur fait voir, dans le chapitre II, comment les jugements téméraires sont la source des préventions. Il examine les mauvais effets de ces préventions, dont les hommes savent si rarement se défendre.

CHAPITRE TROISIÈME

Comment on se cache à soi-même ses jugements téméraires.

La manière dont on se cache à soi-même la témérité de ses jugements, est très fine et très difficile à éviter. Car c'est par le mauvais usage qu'on fait d'une maxime véritable en soi, quand on la regarde au général, mais dont on abuse en particulier d'une manière imperceptible. Cette maxime est, qu'il est bien défendu de juger, mais qu'il n'est pas défendu de voir, c'est-à-dire, de se rendre à l'évidence. Ainsi en prenant nos jugements pour des vues et des évidences, nous nous croyons à couvert de tout ce que l'on dit contre la témérité des jugements. Nous ne jugeons jamais, nous voyons. Toutes nos imaginations sont des vérités évidentes; et par là nous étouffons tous les reproches que notre conscience nous pourrait faire.

Mais si l'amour-propre ne nous rendait point aveugles, il serait bien facile de nous faire entrer dans une juste défiance de cette évidence prétendue : car il ne serait besoin pour cela que de nous obliger à faire réflexion sur ceux que nous croyons capables (1) de témérité dans les jugements qu'ils font de nous, et de nous y faire remarquer toutes les mêmes dispositions par lesquelles nous prétendons nous justifier. Ils prennent aussi bien que nous leurs jugements les plus téméraires pour des vues

(1) *Capables*, susceptibles de.

d'une vérité évidente. Qui nous assurera donc que nous n'en fassions pas de même, et que nous soyons les seuls exempts de cette illusion commune?

La juste crainte que nous devons avoir de nous tromper aussi bien que les autres, nous oblige donc de prendre pour nous-mêmes les avis que nous donnerions à ceux qui se laissent aller à des jugements téméraires, sous prétexte qu'il est permis de voir, quoiqu'il ne soit pas permis de juger.

On dira sans doute qu'il ne dépend point de nous de voir ou de ne voir pas; que c'est un effet nécessaire des objets qui frappent notre esprit, et qui y font quelquefois une impression si vive, qu'il est impossible qu'il y résiste. Mais cela n'est pas généralement véritable, ou plutôt il est rare qu'il le soit, parce qu'il n'y a que peu d'objets dont l'esprit soit si vivement frappé, qu'il soit forcé de prendre parti et de juger. Il faut au contraire le plus souvent qu'il s'applique à considérer les choses, et c'est cette application volontaire aux défauts des autres, que la prudence chrétienne doit retrancher dans les personnes qui ne sont pas obligées par leur charge de veiller à les corriger.

Or, quiconque sera fidèle à ne laisser pas aller son esprit à ces réflexions inutiles sur les actions d'autrui, sera rarement en état de ne se pouvoir défendre d'en juger. Car il y a des raisons générales qui nous portent à douter des choses que nous n'avons pas examinées avec soin. Et comme c'est une réponse fort raisonnable que de dire à ceux qui nous en demanderaient notre avis, que nous n'y avons pas assez pensé, il n'est pas moins raisonnable de nous le dire à nous-mêmes, et de suspendre notre jugement par cette considération générale, qu'il ne faut juger qu'après avoir pesé toutes choses, et que nous ne l'avons pas fait.

C'est encore un autre devoir que de ne pas faire connaître sans y être obligé les défauts que nous croyons découvrir dans notre prochain. Cette pratique sert infiniment, comme le re-

marque Nicole, à corriger la témérité des jugements dans sa
source même.

Car on ne persuade guère à son esprit de juger des
défauts des autres que pour en parler; et si l'on n'en
parlait point, on cesserait insensiblement de s'appliquer
à en juger. Outre qu'en en parlant on s'y intéresse, on
s'engage à soutenir ce qu'on en a dit, et l'on se rend par
là. moins susceptible de tout ce qui pourrait servir à
détromper.

On remédie encore aux jugements téméraires en s'efforçant
de se corriger de la malignité, de la précipitation et de l'attache
à son sens propre (Ch. IV).

On remédie à l'attache à son sens par les réflexions
continuelles qu'on doit faire sur la faiblesse de son propre
esprit, et par l'expérience de ses égarements et de ceux
des autres. Et une des choses les plus utiles que l'on
pourrait faire pour en profiter, serait de tenir registre
des surprises où l'on se serait engagé en suivant trop
légèrement ses impressions. Je dis qu'il en faudrait
tenir registre, et le repasser souvent par sa mémoire,
comme un objet humiliant. Mais notre amour-propre
fait tout le contraire. Il efface de notre esprit tous les
jugements téméraires où notre présomption nous engage,
et il nous conserve une vive idée de ceux qui, quoique
peut-être téméraires en eux-mêmes, se sont trouvés
véritables par hasard. Nous sommes ravis de dire : Cette
personne ne m'a point trompé ; je l'ai toujours connue
telle qu'elle était ; jamais je n'en ai pu avoir bonne
opinion. Et nous ne nous disons jamais à nous-mêmes :
Je me suis bien trompé en telle et telle occasion. J'ai
soupçonné telle et telle personne de certains défauts sur
des apparences que j'ai reconnues depuis très fausses.
J'ai suivi légèrement en telle et telle occasion l'impression qu'on m'a voulu donner, et j'ai reconnu depuis que
j'avais mal fait de la recevoir si facilement sans chercher
d'autres preuves.

Enfin, il faut combattre directement (Ch. V) la témérité des jugements. Cette témérité vient de ce que notre jugement dépasse l'évidence ; on condamne, par exemple, certaines actions, parce qu'elles sont ordinairement mauvaises, et l'on ne prend pas garde qu'elles peuvent être accompagnées de quelques circonstances extraordinaires qui les justifient. Or, pour juger équitablement, il faudrait connaître la vérité dans toute son étendue.

Rien n'est souvent plus téméraire que les jugements par lesquels nous prétendons pénétrer les intentions de nos semblables, surtout lorsque nous leur en attribuons qu'ils désavouent.

Il faut remarquer qu'ordinairement on ne se contente pas de juger des actions particulières, mais que l'on forme un jugement absolu des personnes mêmes. On regarde les unes comme imparfaites et méprisables, et les autres comme dignes d'estime. On dit des unes qu'elles ne sont bonnes à rien, et l'on relève les autres comme de fort grands sujets. Or, souvent il n'y a rien de plus téméraire que ces sortes de jugements. Car il y a des personnes qui font peu paraître ce qu'elles ont de bon, et d'autres où il paraît plus de bien qu'elles n'en ont. Il y en a qui ont des défauts plus visibles et plus importants aux autres, qui ne laissent pas d'avoir un fonds de lumière et d'équité, et une attache à leurs devoirs essentiels qui les soutient dans les occasions importantes : et d'autres au contraire qui, faisant peu de fautes extérieures, ont un certain défaut de raison et de lumière, où certains intérêts secrets qu'elles ne connaissent pas elles-mêmes, qui produisent de grands renversements dans les grandes occasions. Il n'y a que Dieu qui puisse discerner ces différentes dispositions : mais plus les hommes sont obligés de reconnaître leur ignorance et leurs ténèbres en ce point, plus ils devraient être retenus dans la comparaison qu'ils font des personnes, et dans les jugements qu'ils en portent sur leurs actions particulières.

S'il est difficile d'éviter les jugements téméraires lorsqu'on est soi-même témoin des choses dont on juge, il l'est encore beaucoup plus quand on se fonde sur le rapport des autres (Ch. V).

Or, non seulement il y a des rapports incertains, mais ils le sont presque tous. Et dès qu'on approfondit les choses, on ne manque guère de trouver du plus ou du moins. La passion et le peu de justesse d'esprit altère presque toujours la vérité dans les discours que les hommes font les uns des autres. Ceux qui paraissent les plus sincères, et que l'on ne saurait soupçonner de mensonge et d'imposture, ne laissent pas de nous tromper, parce qu'ils se trompent souvent les premiers. Il y en a qui mêlent partout leurs réflexions et leurs jugements, comme des faits, et qui, ne distinguant point entre ce qu'il y a d'effectif dans les choses qu'ils rapportent, et les raisonnements qu'ils font sur ces mêmes choses, ne font de tout cela qu'un même corps d'histoire. Ainsi on ne peut presque faire aucun fondement certain sur ce que les hommes rapportent : et comme on est téméraire quand on juge sur des signes incertains, et que la plupart des rapports sont de ce genre, il s'ensuit que la plupart des jugements fondés sur ces rapports sont téméraires.

Nicole reconnaît cependant que le commerce de la vie et les lois mêmes de la société peuvent obliger à juger sur des rapports. Il indique (Ch. VII) quelques-unes des précautions que nous devons prendre en ce cas pour éclairer nos jugements et nos décisions. Il insiste surtout sur la nécessité de la modération et de la discrétion dans les jugements de cette sorte.

Le chapitre VIII est consacré au respect que nous devons à la mémoire de ceux qui ne sont plus, et aux règles à observer dans les jugements que nous portons sur nous-mêmes. Il ajoute qu'il n'est jamais permis de juger à la légère, même en bien.

C'est encore un grand mal que d'adopter sans réflexion certaines règles de conduite, et peut-être les jugements téméraires en une si grave matière sont-ils les plus dangereux de tous (Ch. IX).

Enfin, dans les jugements qu'il porte même en matière indifférente (Ch. X), un homme droit et sincère garde la même retenue. Aussi l'homme de bien aspire-t-il au silence et à la solitude (1) : il se défie de ses lumières, et craint de blesser ses semblables.

(1) Il ne faut pas s'étonner de rencontrer cette condamnation de la vie en société dans les écrits d'un solitaire de Port-Royal. Mais l'opinion d'Aristote, qui définit l'homme « un être destiné à vivre en société », est infiniment plus vraie et plus humaine.

FIN.

TABLE DES MATIÈRES

Paris. — Imp. A. Picard et Kaan, 192, rue de Tolbiac. 1197-E.C.C.

A LA MÊME LIBRAIRIE

Paris. — Imp. A. Picard et Kaan, 192, rue de Tolbiac. 1107. E. C. C.

www.ingramcontent.com/pod-product-compliance
Lightning Source LLC
LaVergne TN
LVHW022025080426
835513LV00009B/880